DVS Editora Ltda.
www.dvseditora.com.br

CONSUMO E IDENTIDADE:
ITINERÁRIOS COTIDIANOS DA SUBJETIVIDADE
Copyright© DVS Editora 2006
Todos os direitos para a língua portuguesa reservados pela editora.

Nenhuma parte dessa publicação poderá ser reproduzida, guardada pelo sistema "retrieval" ou transmitida de qualquer modo ou por qualquer outro meio, seja este eletrônico, mecânico, de fotocópia, de gravação, ou outros, sem prévia autorização, por escrito, da editora.

Revisão: Mônica de Aguiar Rocha
Produção Gráfica, Diagramação e Capa: Spazio Publicidade e Propaganda

Dados Internacionais de Catalogação na Publicação (CIP)
(Câmara Brasileira do Livro, SP, Brasil)

```
André, Maristela Guimarães
   Consumo e identidade : itinenários cotidianos
da subjetividade / Maristela Guimarães André. --
São Paulo : DVS Editora, 2006.

   Bibliografia.
   ISBN 85-88329-27-1

   1. Ciências sociais 2. Comportamento humano
3. Consumo (Economia) 4. Identidade 5. Subjetividade
I. Título
```

06-0286   CDD-306.3

Índices para catálogo sistemático:
1. Consumo e identidade : Ciências sociais 306.3

Nota: Este trabalho foi apresentado originalmente, em 2002, como tese ao Programa de Estudos Pós-graduados em Ciências Sociais da Pontifícia Universidade Católica de São Paulo como parte dos requisitos para obtenção do título de Doutor em Ciências Sociais, sob orientação da professora doutora Silvia Simões Borelli.

Todos os homens da ciência, devem ter, penso eu,
tomado consciência de que sua reflexão,
em nível profundo, não é verbal:
é uma experiência imaginária, simulada com a ajuda
de formas, de forças de interações que só muito mal
compõem uma 'imagem' no sentido visual do termo.

Jacques Monod
O ACASO E A NECESSIDADE

Ao meu marido,
Eduardo Martins André.
Sem sua presença, companheirismo
compreensão de amigo,
nenhum itinerário de amor
teria sido possível.

PREFÁCIO

Inicialmente deve-se ressaltar as qualidades profissionais da professora Maristela Guimarães André, mestre em Filosofia e Ciências Humanas e doutora em Ciências Sociais, estando há mais de duas décadas envolvida com a educação, principalmente em nível de especialização e pós-graduação em instituições de ensino de renome como a Escola Superior de Propaganda e Marketing (ESPM) de São Paulo e a Pontifícia Universidade Católica (PUC), também de São Paulo, onde durante muitos anos coordenou o setor de pós-graduação – a COGEAE –, além de ter ministrado inúmeros cursos *in company* para as mais prestigiosas organizações e associações do Brasil.

Ela é uma estudiosa e pesquisadora de temas ligados a filosofia, gestão de negócios, ética, *marketing* e em particular ao assunto desse livro, que trata da relação entre o **consumo** e a **identidade** das pessoas.

Nessa obra ela usou a sua criatividade para fazer uma analogia muito interessante entre as letras de três canções da música popular brasileira de Chico Buarque de Hollanda, Caetano Veloso e Nando Reis, e o comportamento do consumidor e com a sua identidade.

Explica bem a autora que identidade é algo que se repete, como por exemplo, a vida nas grandes cidades.

É indiscutível que o conceito mais óbvio ao qual o *marketing* se vincula é o das necessidades humanas.

As necessidades fazem parte da condição humana e são caracterizadas como situações de privação.

Naturalmente entre as necessidades humanas estão as necessidade físicas básicas (alimentação, vestuário, habitação e segurança), as necessidades sociais (afeto e pertencimento) e as necessidades individuais (conhecimento e auto-realização).

Por outro lado, desejos são a forma que as necessidades humanas assumem quando são particularizadas por determinada cultura e personalidade do indivíduo.

Assim um jovem paulista precisa comer, mas deseja um hambúrguer com batatas fritas e refrigerante; um jovem baiano precisa comer, mas deseja muqueca de camarão e um jovem gaúcho precisa comer, mas deseja churrasco.

Os desejos são compartilhados por um grupo social ou comunidade – identificação – com base nas influências sócioculturais e psicológicas daquele ambiente.

E a importante função do *marketing* é converter as necessidades em desejos ao destacar os benefícios dos produtos ofertados, seduzindo as pessoas e levando-as ao **consumo** desses produtos.

Sem dúvida vivemos em uma sociedade muito mais focalizada no consumo, ou seja, o **"consumo é rei"**.

Aliás, definimos a nós mesmos – nossa **identidade** – nossas vidas e nosso bem-estar por aquilo que consumimos.

Nossos hábitos de consumo constituem presentemente uma forma de aceitação social. Obviamente o homem que usa tacos de golfe Callaway, que dirige uma Mercedes-Benz e veste roupas Giorgio Armani, faz uma clara declaração de sua identidade.

Ele é um homem diferente daquele que compra varas de pescar de bambú, dirige um Palio da Fiat e veste o tempo todo jeans Levi's.

Por sinal, no seu livro diz muito bem a profa. Maristela Guimarães André: "A identidade emerge das práticas sociais em que o indivíduo num esforço constante para constituir-se como pessoa, enfrenta a contradição entre aquilo que acontece e aquilo que deveria ter acontecido, entre aquilo que ele é e aquilo que esperava ser, não como uma rendição fatal do modo de ser costumeiro das coisas, mas num nível próximo da superação das conturbações diárias pela formulação de opções de vida que, mais do que atravessadas por hábitos, é direcionada principalmente por uma relação intensa entre a ordem estabelecida e a possibilidade de uma nova ordem."

Porém o advento do consumismo no século XXI fez surgir um público consumidor – os novos consumidores – muito **esclarecido**.

Dessa maneira, os atuais consumidores são céticos e estão muito conscientes das mensagens de *marketing* que os rodeiam.

Sem dúvida, o ato de consumir está relacionado com o ato de comprar.

No entanto, a própria disposição espacial dos produtos, inclusive se considerarmos o surgimento do comércio eletrônico via Internet, substituiu a troca verbal entre o cliente e o vendedor pela resposta passiva do consumidor às coisas.

O valor monetário dos produtos que estabelecia a base da negociação verbal entre o vendedor e o consumidor não é mais o aspecto central no processo de compra e o consumidor não é mais o aspecto central no processo de compra, com os preços falando por si mesmos, no silencioso momento anterior ao ato de consumo.

Não é fácil entretanto entender o consumidor e talvez a metáfora adequada seja dizer que ele é como um *iceberg*.

Ele, o consumidor, se movimenta no mercado e todos podem visualizá-lo, como a ponta de um *iceberg*, mas suas reais intenções, motivações e atitudes permanecem ocultas.

Apenas analisando-o mais detalhadamente, como aliás se faz nesse livro, por meio de um profunda imersão, será possível conhecer o seu todo, enxergando-o de maneira integral e descobrindo as verdadeiras razões que o levam a agir de um determinado jeito.

Esses motivos, que são abordados minuciosamente na obra e variam desde crenças, atitudes, preconceitos e valores, até interesses, necessidades ou desejos, tornam-se as forças motrizes que estimulam o comportamento e variam de indivíduo para indivíduo.

Influenciados por diversos fatores, que são tipificados como variáveis culturais, demográficas, psicológicas ou situacionais, os hábitos e o comportamento de compra dos consumidores podem de certa forma, se tornar previsíveis.

Todavia, por mais que se conheçam essas influências genéricas, o risco de análise incorreta, poderá ocorrer pois o consumidor é antes de tudo um ser humano.

É por isso, que nesse livro, a autora se vale da psicologia, sociologia, antropologia e economia para compreender melhor o *iceberg* humano, entendendo melhor a sua natureza composta da parte **racional**, cujo comportamento é ditado pela razão; a **emotiva**, movida pelas emoções conscientes e inconscientes; a **social**, impulsionada pelas regras de grupo; a **dialética**, propulsionada pelas oposições; a **complexa**, desenvolvida por determinações e indeterminações de vários níveis e a **gregária** que surge de algum poder de arbítrio.

O consumo decorre portanto dessas componentes da natureza humana.

Assim, as vezes consumir, também é uma forma de diversão e associada às 7inventividades da tecnologia faz do leque de escolhas à disposição do indivíduo um exercício lúdico de interatividade.

Em outras situações o consumo passa a ser um "experimento mental", direcionado principalmente pelo gosto (desejo) por novos bens e serviços e essa experiência acaba sendo uma alternativa da pessoa para escapar ao enclausuramento e suportar de forma solitária, o vivido, o pensado e imaginado.

No século XXI temos um novo consumidor influenciado muito pela *Web*, que utiliza cotidianamente para aprender, trabalhar e viver.

Esse novo consumidor possui as seguintes características: é individualista, envolvido, independente e informado.

Ele enfrenta novas formas de escassez, sobretudo de tempo e atenção.

Os consumidores agitados do século XXI reclamam cada vez mais da correria diária, com "menos horas para fazer as coisas, inclusive para comprar".

Uma outra escassez do novo consumidor, apontada bem nesse trabalho, é a da confiança.

As pessoas mais bem informadas e mais exigentes escolhem melhor e são mais suscetíveis a trocar de fornecedor.

A ética se tornou um atributo essencial para as relações de consumo.

Mais imediatistas, os novos consumidores consideram essencial a obtenção da alta qualidade pelo valor do seu dinheiro, tornando-se insatisfeitos imediatamente assim que essa condição não for cumprida.

Os consumidores no século XXI julgam as marcas com a noção de que são culpadas até que provem sua inocência.

Mas o consumismo é uma tendência criada mais pelos consumidores do que pelos profissionais de *marketing*.

Muitos assumem sem titubear que esses profissionais criaram a tendência, porém é igualmente fácil acreditar que eles simplesmente reagiram à demanda dos consumidores.

Hoje são grandes as evidências que os consumidores controlam o destino das marcas, inclusive das chamadas **marcas legendárias**, em vez de ocorrer o contrário.

Assim quando as marcas avançam demais a fim de explorar as afinidades com os consumidores, decaem e decaem muito.

Os consumidores conseguem perceber o que se passa e punem o profissional de *marketing*.

Por exemplo, quando foi revelado que os tênis e o vestuário da Nike – uma marca legendária e muito valiosa – estavam sendo fabricados por meio de exploração do trabalho infantil, a reação dos consumidores foi tão intensa que a Nike sofreu a sua primeira e verdadeira ameaça à sua balança patrimonial, aparentemente inabalável até então.

Só ressurgiu como favorita dos consumidores após ter mudado as suas práticas.

Mas há casos em que o *marketing* ao contrário, cria um elo fortíssimo, uma clara ligação entre a identificação e o consumo, e certamente um excelente exemplo é o de Carlos Moreno, no papel de garoto Bombril.

Pois bem, ele que havia deixado de estrelar as campanhas da empresa em agosto de 2004, após 26 anos de atuação em que fez 337 comerciais e incontáveis peças impressas, voltou em 2006 a promover os produtos da empresa, praticamente por exigência dos consumidores.

Deve-se lembrar que o garoto-propaganda Carlos Moreno, já está no livro dos recordes, o *Guinness*, como aquele de mais longa permanência na divulgação dos produtos de uma mesma organização, em particular a sua lã de aço, fazendo com que a sua "propaganda virasse uma cultura".

Os consumidores anseiam por marcas que representam **efetivamente** algo, marcas que ajudem a proporcionar significado e ordem em suas vidas.

Aliás, na modernidade, realmente o ato de consumo é consequência de uma certa forma de hedonismo, muito mais relacionado às emoções do que às sensações.

Embora toda busca pelo prazer tenha uma certa base sensorial, as emoções têm o potencial para servir como fontes poderosas de prazer, desde que elas proporcionem estados de grande realização.

Podemos permanecer indiferentes (mas não devíamos...) e encarar este fenômeno que o consumo traz realização para a pessoa como o declínio do homem civilizado, ou então podemos identificar um meio para aumentar mais ainda a responsabilidade da marca.

E é o que fazem principalmente as marcas legendárias, comumente de grande valor.

Segundo Laurence Vincent: "Marcas legendárias representam conceitos, valores e objetos que os consumidores usam para interpretar o significado da própria vida.

As percepções dos consumidores das marcas legendárias vão além da compreensão de qualidade, função ou valor monetário.

As marcas, muitas vezes, são descritas como representantes da personalidade do consumidor.

A resposta frequentemente ouvida é que a marca legendária 'é muito parecida comigo' ou 'muito parecida com as pessoas que admiro'.

Do mesmo modo que símbolos e objetos religiosos geralmente são empregados para demonstrar a ideologia sagrada de uma pessoa, a marca legendária permite aos consumidores posicionarem-se melhor no espaço social, cultural e pessoal.

Um número cada vez maior de consumidores parece definir uma parte de sua identidade pelo uso de marcas.

Portanto, as marcas que dominam esta demarcação de identidade pessoal são sempre marcas legendárias."

Por exemplo, quando atores representam, no palco ou na tela, seu trabalho é avaliado por terceiros: público e críticos.

Se falharem em convencer qualquer uma das partes, sofrem consequências sérias.

Seu trabalho é interrompido ou diminuem suas habilidades para obter a atenção dessas audiências.

Por seu turno, os consumidores, se defrontam com uma pressão similar.

Eles precisam convencer outras pessoas: colegas, família, companheiros de trabalho, etc.

Falhar nessa tarefa certamente invalida a nossa identidade.

Provavelmente pensando um pouco nesse efeito é que a luta pelo consumidor de roupas esportivas chegou com tudo no futebol paulista e pela primeira vez na história, em 2006 os quatro maiores clubes de futebol do Estado terão, simultaneamente, como fornecedores de material esportivo, quatro marcas internacionais de peso, marcas legendárias.

Assim o tricampeão mundial São Paulo, vestirá roupa da Reebok, o Palmeiras da Adidas, o Corinthians a da Nike e o Santos a da Umbro.

É sem dúvida a batalha pelo consumidor, que ao se identificar com um certo clube provavelmente também se identificará com a marca que patrocina a sua equipe de futebol preferida, pela qual torce geralmente de maneira fanática e onde estão os seus "heróis"...

De fato as marcas legendárias provocam uma atração, sendo esse um fator importante que as distingue de outras marcas.

O que os consumidores sempre buscam é a aprovação dos seus atos, alguns (ou muitos até...) irrefletidos.

As marcas legendárias garantem um efeito poderoso sobre o comportamento do consumidor.

Se a marca demonstrar empatia com o consumidor e sancionar mais gratificações ocasionais, ou os excessos do comportamento provocante, ele passa a ter um senso de alívio, autorização ou inocência.

Dessa maneira, principalmente o profissional de *marketing* tem uma grande responsabilidade perante o seu consumidor e o público em geral.

Quando ele elabora sua narrativa da marca, o seu objetivo consiste em proporcionar um efeito de sanção.

Um aspecto vital é sem dúvida inocentar seu consumidor por gratificar-se ocasionalmente com atividades (produtos) que não lhe causam grande dano. Porém um outro enfoque que ele não pode esquecer, que é bem diferente, é o de estar lucrando com os efeitos eventualmente danosos do comportamento que ele provocou.

O renomado estrategista em *marketing* Al Ries acha que a despeito de toda essa conversa de marcas e **branding**, a verdade é que os consumidores compram **categorias** e não **marcas**!?!?

Claro que o nome da marca é um símbolo de atributos representados pela categoria.

Assim, se as pessoas querem se identificar como tendo comprado um carro de "prestígio", geralmente adquirem um Mercedes-Benz.

É óbvio que é mais fácil, rápido e psicologicamente mais satisfatório dizer: "Eu tenho um Mercedes" do que falar: "Eu tenho um carro de prestígio."

Naturalmente no dia que Mercedes-Benz perder sua conotação de carro de prestígio, será aquele em que a marca Mercedes-Benz perderá muito o seu valor.

Aliás, na revista *Business Week*, graças ao trabalho da consultoria Interbrand, no *ranking* de 2005 das 100 marcas globais mais valiosas a Mercedes-Benz ocupa a 11ª posição com um valor da marca de US$ 20 bilhões.

As três marcas mais valiosas são a Coca-Cola, Microsoft e IBM, valendo cada uma respectivamente em bilhões de dólares: 67,5; 60 e 53,4.

Somas espetaculares, a ponto de alguns especialistas acharam que se uma empresa fosse dividida, a parte mais importante dela seria a marca...

É incrível, por exemplo, o crescimento do valor da marca Samsung que aumentou 186%, registrando o melhor resultado entre as 100 maiores marcas do mundo e valendo em 2005 US$ 15 bilhões.

A empresa de consultoria inglesa Interbrand leva em consideração vários fatores ao classificar as marcas mais valiosas que acabam se tornando legendárias.

Para que uma empresa seja qualificada, a marca deve valer mais que US$ 1 bilhão, obter mais de 20% do seu faturamento fora do país de origem e oferecer publicamente informações financeiras e de *marketing* .

A Interbrand avalia as marcas da mesma forma que os analistas econômicos avaliam outros ativos, isto é: baseando-se em quanto eles receberão no futuro.

Os lucros projetados são então calculados para o valor presente, considerando a probabilidade de que esse faturamento será concretizado.

O primeiro passo da Interbrand é estabelecer qual a porcentagem de uma empresa pode ser creditada a uma marca.

Por sinal, a marca pode ser quase toda a empresa, como acontece hoje com McDonald's, ou apenas, uma parte, como acontece com o Marlboro.

Fundamentando-se em relatórios de analistas do J.P. Morgan Chase, do Citigroup e do Morgan Stanley, a Interbrand projeta cinco anos de lucros e vendas para a marca.

Então, a consultoria deduz os custos operacionais, impostos e encargos pelo capital empregado para chegar na receita intangível; separa outros fatores intangíveis como patentes e o vigor da gestão, para dessa forma determinar qual porção do lucro é devida à marca.

Finalmente, a força da marca é avaliada para determinar o perfil de risco dessas projeções de receita.

São feitas também considerações que incluem liderança no mercado, estabilidade e alcance global, ou a habilidade de cruzar tanto a barreira cultural quanto a geográfica.

Isso causa uma taxa de desconto que é aplicada à receita da marca para finalmente se obter um valor líquido presente.

Agora, com a confiança cada vez maior na classificação *Business Week/ Interbrand*, algumas marcas mais antigas, como Coca-Cola, a nº 1 e a McDonald's estão diminuindo os seus gastos com a propaganda tradicional.

Dessa maneira, de 2001 a 2005, a rede McDonald's reduziu a sua propaganda na televisão de 80% do seu orçamento para 50%

A era da formação de marcas, principalmente através da propaganda na mídia de massa parece que está acabando (ou pelo menos diminuindo drasticamente).

O pensamento predominante dos formadores de marcas mais bem-sucedidas do mundo, hoje em dia – com as quais os consumidores querem se identificar – não é tanto o velho jogo do **alcance** (quantos consumidores irão ver um anúncio) e da **freqüência** (quantas vezes os consumidores irão vê-lo), mas sim encontrar maneiras de fazer com que os consumidores convidem as marcas a entrar nas suas vidas.

Assim, a empresa coreana Samsung, apesar de já ter uma marca muito valiosa no mundo, precisa ainda construi-la aqui no mercado brasileiro de aparelhos eletrônicos.

A LG, sua conterrânea e maior rival, foi mais rápida no Brasil e já conseguiu se estabelecer no País entre as marcas de maior prestígio, em aparelhos de áudio e vídeo, tendo inclusive a boa sorte de patrocinar o São Paulo, que se tornou no final de 2005, tricampeão mundial de futebol.

Mas a Samsung em breve deverá ter a sua marca reconhecida pois o que acontece lá fora, acaba ocorrendo no Brasil, com algum atraso é verdade, pois a sua estratégia de comunicação já está centrada nos consumidores e nos benefícios que os produtos da empresa trazem para as suas vidas, em particular um **som perfeito** e um *design* admirável.

Naturalmente a Samsung sabe que não pode abranger todas as categorias divergentes, especialmente em face da concorrência especializada.

Uma marca que tenta cobrir todos os aspectos de uma categoria divergente, tem grande probabilidade de perder sua posição de domínio.

Uma estratégia eficaz é podar constantemente a marca, para que continue a representar uma idéia única na mente do consumidor.

Bem, no coração da alma do novo consumidor existe um desejo enorme de **autenticidade.**

Realmente muitas pessoas são impulsionadas para a autenticidade, que de vocação passa a ser a ortodoxia moral essencial de nosso tempo.

E nessa busca de autenticidade, existem os consumidores dispostos a enfrentar muitas inconveniências, às vezes indo muito longe para comprar o que desejam, quando inclusive esquecem a escassez do tempo...

O poeta e autor norte-americano Shel Silverstein cunhou a palavra *tesarac* para descrever aqueles períodos da história em que ocorrem mudanças sociais e culturais.

Durante um *tesarac*, a sociedade se torna cada vez mais caótica e confusa, antes de se reorganizar de uma forma que ninguém seria capaz de prever com exatidão ou antecipar facilmente.

O período de um *tesarac* é aquele no qual as ocorrências antigas estão mortas ou morrendo e não se pode antever facilmente o que acontecerá em seguida.

A profa Maristela Guimarães André, no seu livro descreve de maneira muito profunda o *tesarac* provocado principalmente pela tecnologia da informação no tocante ao consumismo.

À medida que o Ocidente começou a passar pelo *tesarac*, as regras e convenções sociais, que durante décadas auxiliaram as pessoas a estabelecer e a manter sua noção de identidade, começaram a ser derrubados, provocando um distanciamento entre dois aspectos-chave da auto-imagem.

De um lado dessa divisão está a nossa **individualidade** real, a pessoa que precebermos ser, e de outro está nossa individualidade ideal, a pessoa na qual lutamos para nos transformar, sendo o consumo um vetor para isso.

Abraham Maslow, fundador da escola humanista de psicologia definiu como auto-realização essa luta contínua pela individualidade ideal e para chegarmos a ela devemos ascender na pirâmide de necessidades humanas.

Assim, não se pode esperar que alguém consiga apreciar a beleza ou algum livro espetacular se em cada despertar precisa vencer inicialmente a batalha contra a fome, a sede, o frio, etc.

Conforme a abundância no mundo desenvolvido reduz a obrigação de lutar pelas necessidades básicas, os novos consumidores se liberam para dedicar mais tempo, esforço e energia com o objetivo de eliminar a distância entre sua individualidade real e ideal.

E aí, a sua busca pela autenticidade deriva de sua luta incansável pela auto-realização.

Infelizmente, quanto mais lutamos para alcançar nossa individualidade ideal, mais longe parece estar e maior se torna a distância entre ela e a individualidade real!?!?

Esse fenômeno acaba levando a sentimentos de alienação, negativos para o consumo, à medida que nos vemos cada vez mais separados, não só da nossa individualidade ideal, como até mesmo do que é mais íntimo para nós.

No século XXI, mais do que em outras épocas, a identidade é o resultado da vida cultural, em uma dada sociedade, em que a experiência cotidiana é partilhada entre os indivíduos em termos de significados simples e formas comuns de comunicação.

Portanto está diretamente relacionada às condições de acesso e inclusão.

Há quem diga que falta ao homem e à mulher no século XXI uma causa, uma questão contundente, um grupo com o qual o ser humano possa se identificar verdadeiramente.

Dessa forma, perdido e em dificuldades, sua identidade básica desaparece ou se torna tão nebulosa a ponto de ser praticamente inexistente, e aí a alienação começa a permear a vida até mesmo de pessoas aparentemente bem-sucedidas.

Essa crise de identidade acontece inevitavelmente em qualquer sociedade que passa por um *tesarac* como a nossa e à medida que os papéis sociais se tornam menos claros, as regras e as convenções que regulavam a vida dos indivíduos não se aplicam mais.

Particularrmente nas sociedades ocidentais, nota-se com intensidade cada vez maior que o trabalho ético está sendo substituído pela ética do consumidor, ou seja, o mesmo papel central que foi desempenhado na sociedade moderna pelo trabalho, emprego, ocupação, profissão, agora é exercido na sociedade contemporânea, pela escolha do consumidor.

Em um mundo hipercompetitivo, de mercados fragmentados e indivíduos com opiniões próprias e bem informados, as empresas que não conseguirem entender e atender as necessidades dos novos consumidores, estão fadadas a extinção.

O mercado está cada vez mais dividido entre corporações muito amplas e extremamente poderosas de um lado – com as marcas legendárias e valiosas –, e empresas altamente adaptáveis, flexíveis, pequenas, que atendem a nichos especializados, de outro.

O segredo do sucesso comercial na nova economia do século XXI, reside em ter a consciência muito aguçada do que esses consumidores bem-informados desejam e por quê.

Vai ser cada vez mais vital mostrar respeito por sua escassez de tempo e atenção, e saber ajudá-los em sua busca da indentidade.

E finalmente é preciso saber reconhecer seu individualismo independente e tornar-se merecedor de sua confiança permanente.

Em suma, é imprescindível cada vez mais, entender melhor a **alma do consumidor**.

A profa Maristela Guimarães André, mostra de maneira contínua no seu livro que estudou minuciosamente o tema do consumo e da identidade, recorrendo para isso aos grandes especialistas sobre o consumismo moderno como Baudrillard, Campbell, De Certeau, Giddens, Guattari, Lipovetsky, Morin e Sennet, só para citar alguns, mas mostra que tem as suas próprias interpretações – brilhantes por sinal – sobre o indivíduo-consumidor ao afirmar:

"O exercício cotidiano do consumo é um processo em que cada um perde genericamente sua identidade ao identificar-se com aquilo (objeto de consumo) que não é!!!

Porém, ao assumir essa identificação com aquilo que não é, apropria-se de um modo de ser, não como acréscimo, mas como alteração em que se modificam os pontos de conexão, portanto, em um processo que não pode ser analisado com base nos elementos anteriores, mas nas projeções das intencionalidades, sensações, emoções, que motivaram a ação e que estão presentes na imaginação."

Este é um dos muitos raciocínios da autora, aliás que tornam o livro um compêndio de muito valor para compreender exatamente a relação entre o indivíduo e as inúmeras determinações na constituição de sua identidade, onde no século XXI o consumo é um dos fatores mais importantes.

Victor Mirshawka
Diretor-cultural da Fundação Armando Alvares Penteado.

AGRADECIMENTOS

Quando apresentei o tema desse livro a uma colega de trabalho e que, além de amiga e companheira, viria se tornar minha orientadora no doutorado, não imaginava as infinitas possibilidades de relações que o assunto propiciaria. Essa amiga, professora- doutora Silvia Simões Borelli (do Departamento de Antropologia da PUCSP), ofereceu-me oportunidades de diálogo e desafios de reflexão e análise que contribuíram enormemente para o meu amadurecimento pessoal. Como bacharel e licenciada em Filosofia, tendo convivido assiduamente com os textos filosóficos e me tornado Mestre em Filosofia e Ciências Humanas, o debate sobre questões privilegiadas das Ciências Sociais era, no mínimo, assustador. No entanto, a abertura e o desprendimento com que fui acolhida pela a Silvinha, como carinhosamente a chamamos, acrescidas de suas demonstrações inequívocas de confiança e parceria, tornou o caminho possível e seguro, daí minha eterna gratidão.

Embora o trabalho de escrever seja solitário, o exercício de reunir as idéias, desenvolver, alterar, rever, representou sempre o entrecruzamento de muitas relações com várias pessoas que me deram sustentação. Assim, agradeço a minha família, marido, filhas e genros, que me interpelaram com perguntas e observações, permitindo que apurasse o sentido maior dessa elaboração. Aos amigos da PUCSP e da ESPM de São Paulo, companheiros de longas discussões e despretensiosos bate-papos sobre as questões do consumo e da vida.

Meu especial agradecimento ao Sergio Mirshawka, sócio-diretor da DVS editora, e sua equipe, que com paciência e desdobrada atenção, cuidaram da editoração do livro em todos os seus detalhes.

Por fim, a satisfação de poder contar com a convivência sempre estimulante de Victor Mirshawka, Diretor Cultural da FAAP, profundo conhecedor das tendências e práticas que dinamizam o mundo da educação e dos negócios e que, para minha alegria, com amizade e de modo criterioso escreveu o prefácio deste livro.

XXVI

SUMÁRIO

INTRODUÇÃO 1

Tema que teima 1

Impertinências metodológicas 6

PARTE I – Consumo e Identidade 11

Capítulo 1 – A identidade local, global e o dia a dia 13

1.1 "Todo dia ela faz tudo sempre igual": o viver nosso de cada dia 14

1.2 "Todo dia eu só penso em poder parar": entre a ordem e a desordem 18

1.3 "Toda a noite ela diz pra eu não me afastar": segurança e perigo 24

1.4 Você não entende (de) nada: a pressão estressante do imediato 27

1.5 "Eu quero ir m'embora": entre o constrangimento e a resistência 37

1.6 "Correr mundo e correr perigo": prioridade dos fluxos 34

1.7 "Diariamente": para você o que você gosta 36

Capítulo 2 – A identidade que se consome 43

2.1 A ausência de continuidade e o fenômeno pendular do *cocooning* 47

2.2 Identidade decantada 55

    2.2.1 A negociação 57

    2.2.2 As legendas 64

XXVII

PARTE II - A Paisagem na Neblina 69

Capítulo 1 - O consumo serve para pensar 71

1.1 O valor desmaterializado: dinheiro, prá quê dinheiro? 74

    In the sunny side of the street 74

    Self-as-identity-shopper 75

1.2 O sonho de consumo (*day-dream*) – interlúdio 86

Capítulo 2 - A alucinante semelhança do real consigo mesmo 95

2.1 Os objetos "me" percebem: o jogo dúbio e
    ambivalente da hiper-realidade 99

2.2 A visão abissal: nós somos quem nós vemos, quando vemos 103

Capítulo 3 - Tecnologia e cultura visual: o ruído dos olhos 107

3.1 Fruição das imagens: formas em constante devir 109

3.2 Imagens palpáveis – olhares carentes 115

PARTE III - Itinerários da Subjetividade 121

Capítulo 1 – Subjetividade e Consumo 123

1.1 Microscopia e enunciação 125

1.2 A subjetividade consumada e consumida 134

Capítulo 2 – A Subjetividade e o Fascínio das Imagens 145

2.1 O Fascínio do 'Ver' 147

2.2 O ocultamento do olhar 153

CONCLUSÃO 159

REFERÊNCIAS BIBLIOGRÁFICAS 169

INTRODUÇÃO

TEMA QUE TEIMA

A racionalidade, na modernidade atual, sucumbiu à própria velocidade dos eventos, e os múltiplos desafios, na tentativa de acompanhá-la, exigem adesão à força de sua criação cultural, sob pena de, com um simples toque digital, serem apagados do horizonte de alternativas possíveis do conhecimento. Esse processo exige desacomodar as anteriores perspectivas de 'superação' e a necessidade de assumir o caráter provisório da análise *just in time*, isto é, da investigação que se situa na atmosfera do momento, para, assim, poder identificar sinais, indícios, contornos, marcas, que nos possibilitem uma "perspectivação histórica do nosso tempo" (LIPOVESTSKY, 1989, 75).

Esse pano de fundo gradativamente se expandiu e se radicalizou na direção de um questionamento de dupla ordem: *fruição do conhecimento* e *fruição do indivíduo nas sociedades atuais* (a razão e a explicitação dessas idéias serão trabalhadas adiante). No entrecruzamento dessas duas dimensões, certos aspectos adquiriram alguma evidência, exigindo maior compreensão, seja para dar conta da historicidade desse indivíduo, seja para fazer frente a uma racionalidade que se *desmancha no ar*.

Desse modo, o *locus*, com base no qual procuro exercer alguma reflexão, considera o cenário descrito pelos teóricos da modernidade atual, pressupondo que, na transitoriedade das relações, do conhecimento e da cultura que atravessam o modo ser moderno hoje, há um incitamento constante em direção ao futuro[1], com a exigência simultânea de radicais incursões ao passado, o que obviamente só pode ser feito na atualidade dos eventos, na efemeridade das sensações, como algo que, previamente à reflexão, é vivido, presenciado, *performatizado*.

---

[1] No sentido discutido por J. Habermas (1987).

Em outras palavras, a sociedade do *mass-media*[2], associada aos processos de desenvolvimento da tecnologia da informação, resultou no estabelecimento de novos padrões globais de produção e gerenciamento das idéias, acarretando superabundância e veloz disseminação das informações. Todavia, esse modo aquilatado de permitir uma pseudoparticipação dos indivíduos na vida social transforma-se, simultaneamente, como diria Edgar Morin, em escassez e cegueira, quer pela saturação, quer pela banalização dos fatos e, principalmente, das imagens. Há que considerar, nesse movimento, como o próprio Morin (2001, p. 52) indica, a condição primeira da superação embutida na necessidade da lucidez, como uma iniciação inseparável da consciência do erro, ou seja, a cegueira que é fruto de uma "preocupação excessivamente forte de inteligibilidade [e, por isso,] leva a um erro racionalizador que altera essa significação", preenche com um sentido de verdade tal a análise das coisas, que o pensamento e a ação são induzidos ao erro, e daí, decorre a cegueira.

As notícias vivem a efemeridade do dia e são descartadas, juntamente com o jornal ou a revista, na manhã seguinte ao seu acontecimento. Os programas de televisão concorrem pela audiência devido ao caráter efêmero de suas novidades. Assim, também nas instituições do saber, idéias tornam-se modas a serem consumidas em 'fotocópias' para, no ano seguinte, serem substituídas por algo mais atual.

A ampla possibilidade de acesso aos diferentes modos de conhecer e à mercadoria informacional abre perspectivas de um extenso contato com a diversidade de linguagens, permite também o contato com realidades espacialmente distantes ampliando o campo de visão, entretanto, de algum modo, perde-se, no vácuo das sinapses, a acuidade em relação às especificidades, cuja possibilidade de recuperação não se dá pelo caminho da redução imposta pelas ciências tradicionais, mas sim pela reconciliação introduzida pelas ciências da complexidade.

O indivíduo das sociedades modernas, das grandes metrópoles, vive a sensação ilusória de que 'sabendo' minimamente o que se passa ao seu redor – o que não significa, necessariamente, saber o que se passa com o seu vizinho – de

---

[2] Sociedade do *mass media*, ou sociedade da cultura das mídias, refere-se à sociedade da comunicação generalizada, ou seja, "com uma enorme e crescente diversidade de veículos de comunicação tendo cada um deles uma função específica e diferencial, função esta que se engendra através da interação de uma multiplicidade de códigos e processos sígnicos que atuam dentro de cada mídia, produzindo no receptor efeitos perceptivos e comunicativos também diferenciais e específicos" (SANTAELLA, 1992b, p. 14).

algum modo interage com o mundo social; todavia, no seu processo de vida diário, essas 'notícias', travestidas de informação, ajudam-no pouco, pois os acontecimentos chegam até ele por meio de uma narrativa, em que não lhe é dado reconhecer-se como ator, como agente social, mas apenas como *testemunha ocular* ou como *espectador*. Enfim, como estrangeiro no seu próprio continente civil, esforçando-se cotidianamente, num movimento deliberado e quase sempre inconcluso, de embrenhar-se por percursos não habituais, em deslocamentos incessantes, numa vontade contínua de experimentar, burlando a lógica estabelecida.

Esse processo é captado pelas imagens alegóricas que circundam e circunscrevem o indivíduo, na contemporaneidade; porém, antes mesmo da representação imagética, há o processo vivido nas relações sociais, cujo princípio motor é o que pretendo descrever como correspondendo a uma 'eclipsização' da subjetividade, que, traduzida em palavras simples, é o processo que distancia o indivíduo do cerne de sua subjetividade - o desejo -, camuflando os indícios de sua manifestação - 'desejo' aqui, considerado como o que institui o campo das relações intersubjetivas e que só se efetiva pela mediação de uma outra subjetividade; 'desejo' como relação peculiar, que estabelece a possibilidade de ser para o outro, igualmente, o objeto de seu desejo.

Na modernidade atual, a vertiginosa emergência dos signos que pretendem decifrar a experiência complexa do vivido liberta os sistemas de linguagens para as várias possibilidades de comunicação. Entretanto, a liberdade contida nesse modo de existir acontece atravessada pelo estresse, pela instabilidade emocional, pela insegurança civil, o que acarreta uma urgente necessidade de integração à paisagem do espaço e do tempo e, apesar da gramática interativa dos sistemas de referência, oferecer o princípio libertador da experimentação de papéis distintos, a teatralidade em que se converte a vida, principalmente nas grandes metrópoles, impõe a ameaça constante de um mundo aberto a todas as formas de dissolução.

O indivíduo, porque se defronta com demandas que lhe oferecem a perspectiva da construção de um mundo de técnicas e de poder, assegurado pela sociedade de mercado ou pela demarcação de outros atores que, como ele, colocam como meta a gestão da própria vida - portanto, em princípio, atores de sua vida pessoal -, busca um modo de ser que lhe permita decifrar os códigos dos sistemas de inserção dos quais participa e, por meio deles, construir sua identidade. A impossibilidade de reconhecimento desses códigos redunda na possibilidade da violência.

Diante dessa possibilidade, cabe ao indivíduo desenvolver a capacidade de mover-se com agilidade e alguma rapidez e, perante as mudanças, aprender a conviver com o caráter 'obsolescente' das coisas, antecipando-se à dinâmica dessa volatilidade, planejando-se quer em direção a uma busca por símbolos representativos de sua demanda social, quer pelo assentimento à sedução exercida pelo poder do *merchandising* e, conseqüentemente, do *status* advindo do consumo, melancólica transformação do indivíduo *cidadão livre* do século XVIII no *ser de desejo* do século XX (ou deveria dizer XXI?).

Assim, a luta que hoje se trava não é entre a razão e o sujeito, mas entre o indivíduo e a subjetividade. Primeiramente, porque não visa à instituição do sujeito, quer no sentido da *polis* grega, no do *logos divino* da Idade Média, ou no da *liberdade civil* do final do século XVIII; ou, então, porque, como afirma Touraine (1994, p. 221), "o sujeito não é mais a presença em nós do universal, quer lhe demos o nome de leis da natureza, sentido da história ou criação divina. Ele é o apelo à transformação do Si-mesmo em ator". Em segundo lugar, porque os aspectos que poderiam induzir a uma discussão sobre a dimensão espaço-tempo, nos moldes de uma problemática existencialista, atingiram seu ponto máximo de tensão no imbricamento entre presente, passado e futuro, numa volúpia de sentidos e acontecimentos. Desse modo, como os discursos são impregnados de *perspectivas futuras*, freqüentemente interpostos por *retrospectivas* que pretendem recolocar algo perdido na continuidade dos eventos, o foco do presente expande-se no sentido de uma significação sempre nova.

O passado é, simultaneamente, desvalorizado e supervalorizado. Sua retomada pelos olhos do presente é catalogar e rotular, ou seja, é revisitada e aprisionada nos memoriais, nas exposições itinerantes, nos museus, como fragmentos de tempo engolidos pela aceleração do presente; ou, como diz HARVEY (1992), "a experiência passada é comprimida em algum presente avassalador". Uma das razões para tal, seguindo Walter Benjamin, deve-se à irrecuperável condição da modernidade atual, em que cada imagem refletida do passado é impossível de ser reproduzida ou repetida no presente, podendo desaparecer, na presunção de que o presente possa ter algum interesse em sua retomada; a humanidade segue abandonando o acúmulo de tristezas e alegrias, sofrimentos e exaltações, dores e ressurgimentos, em troca de uma atualidade, por vezes benéfica, porém, a maior parte do tempo, submetida à lógica hegemônica de algumas forças tenazes, como o próprio, capital.

De outro lado, o presente é dirigido pela necessidade de se prever o dia de amanhã. Torna-se imperioso planejar o dia-a-dia, as semanas, os meses, a seqüência e a duração das atividades, num infindável exercício de compreender o caráter volátil e provisório da contemporaneidade. Não se trata de uma total desvalorização da experiência, mas uma sutil aspiração à possibilidade de buscar outras formas de saciação, em que a fruição encontra um caminho livre para instalar-se e desenvolver-se.

O enfrentamento desse desafio traz implicações que reverberam sobre a possibilidade de o pensamento formular hipóteses que signifiquem alguma visibilidade a respeito do emaranhado da conjuntura existencial. O ar rarefeito de nossa época, denunciado pelos filósofos, apresenta-nos um *personagem desfocado*, que acredita na realidade que lhe chega por intermédio das imagens, das notícias, das informações produzidas em larga escala, acreditando, inclusive, na verdade não visível por detrás delas, não questionando o que vê ou o que ouve e sem saber muito bem o que sente.

Trata-se de um modo particular de interação, em que é apenas um personagem que percebe o mundo não como realidade concreta, 'objetivável', mas como um cenário cambiante, mutável. E é dessa forma que o indivíduo torna-se estrangeiro de sua própria subjetividade; no entanto está nos diferentes modos que captam essa estranheza a possibilidade de reaprender a ver o que deve ser visto.

Os signos ambulantes que trafegam pelas vitrines das lojas, pelas prateleiras dos supermercados, pelos anúncios publicitários, pelas ruas da cidade, também trafegam pelo imaginário como uma referência que, simultaneamente, forma, deforma, informa, desinforma, conforma, transforma o modo de ser na contemporaneidade - 'imaginário', aqui, entendido como uma paisagem de aspirações, projeções e desejos, coletivamente construída, associado à idéia de uma comunidade de participação social e referência cultural.

Os signos ambulantes retêm a imagem, o imaginado e o imaginário, o que nos remete a um novo processo cultural global: a imaginação como prática social. Processo que, em Arjun Apaddurai, adquire contornos irrefutáveis, na direção de um estado em que não persistem mais as situações de

> [...] não mera fantasia (ópio para as massas cujo mundo real está em outro lugar), não mais simples fuga (de um mundo definido principalmente por propósitos e estruturas mais concretas), não mais passatempo da elite (pouco relevante para a vida das pessoas comuns), e não mais mera contemplação (irrelevante para novas formas de desejo e subjetividade), a imaginação tornou-se um campo organizado de práticas sociais, uma forma

de trabalho (no duplo sentido de labuta e práticas culturalmente organizadas) e uma forma de negociação entre lugares/locais de representação (individuais) e campos de possibilidades definidos globalmente.[3] (APADDURAI, 1996, p. 31.)

Nesse sentido, os signos ambulantes, traduzem-se num 'paradigma indiciário', como simulações do impensável, como num mapa apontando para uma paisagem que ainda é preciso configurar e decifrar, para nos tornar capazes de suportar — de acordo com Milan Kundera, "a relatividade essencial das coisas".

IMPERTINÊNCIAS METODOLÓGICAS

As referências às disfunções, dissimulações, dissoluções e possibilidades fractais de recorrências e denotações podem ser percebidas na linguagem visual, porque esta reúne – quase em síntese – os elementos da racionalidade atual: *a complexidade social, a mudança cultural e a comunicação visual.*

Dessa maneira, o tema proposto já se anunciava, escondido nas tramas teóricas da dissertação de mestrado, cujo título é: *O olhar cinematográfico - rede de relações entre o vidente e o visível.*

O caráter auto-reflexivo das análises sobre a modernidade atual indica a emergência de uma subjetividade que, embora conformada a uma racionalidade que a compreende a partir de alguns papéis - como, por exemplo, o de consumidor -, apresenta, por intermédio de outras linguagens, como a cinematográfica, o desejo de emancipação e autonomia. Por outro lado, porque, nas lutas que a investigação trava com e contra os conceitos, não é o sentido do questionamento que interessa, mas a tentativa de compreender as várias práticas culturais, que podem revelar algo sobre os aparatos, os modelos e as interpretações conceituais compondo uma unidade significativa. Trata-se, portanto, de uma reflexão de ordem indireta, isto é, apóia-se nos caminhos já trilhados por outros pesquisadores, principalmente aqueles críticos da cultura contemporânea, que fizeram do exercício da análise sobre os fatos da modernidade atual um esforço para transformar o pensamento em ação.

---

[3] "[…] *mere fantasy (opium for the masses whose real world is elsewhere), no longer simple escape (from a world defined principally by more concrete purposes and structures), no longer elite pastime (thus not relevant to the lives of ordinary people), and no longer mere contemplation (irrelevant for new forms of desire and subjectivity), the imagination has become an organized field of social practices, a form of work (in the sense of both labor and culturally organized practice), and a form of negotiation between sites of agency (individuals) and globally defined fields of possibility"* (APPADURAI, 2000).

O que mobiliza o tema aqui proposto é o cenário em que se entrecruzam perspectivas, às vezes contraditórias, às vezes conjugadas, outras vezes antagônicas e, outras, complementares. Desse modo, Anthony Giddens ao mesmo tempo em que parece aproximar-se de Edgar Morin, também se distancia; Daniel Bell convive com as idéias de Douglas & Isherwood, ou outros que tratem do consumo, como Michel De Certeau, para quem Colin Campbell não quer dizer absolutamente nada; e Pierre Bourdieu só se apresenta porque é um pensador de larga conjecturação.

A relevância do tema, medida nos termos da atualidade do investigador, que, pressionado por duas das características da modernidade atual - fruição do conhecimento e fruição do indivíduo nas sociedades atuais, aspectos reveladores da inexistência de soberanias epistemológicas, ou privilégios de qualquer ordem no campo do saber -, sente-se obrigado a buscar modos abrangentes de entender a relação do indivíduo com o mundo e, principalmente, consigo mesmo, lança a questão no cenário dos debates das várias tendências, em que a unidade dos teóricos de suporte é aquela que menos interessa, pois o que vale é o *constructo* que cada um deles elaborou.

A ênfase auto-reflexiva do pensamento, além de indicar algumas das alterações no processo de representação da realidade, é reveladora de mudanças no processo de subjetivação do indivíduo e, conseqüentemente, de sua expressão como identidade social. Nesse sentido, o objetivo de buscar outras referências deve-se ao reconhecimento de que:

- ❏ há uma outra compreensão da identidade humana, neste final de século, que não está mais referida a uma essência única e primordial, cujo paradigma é uma idéia divina (Deus), ou o pleno desenvolvimento ou progresso racional de suas potencialidades; e

- ❏ a mudança ocorrida no modo de existir e ser na contemporaneidade pode ser mais bem percebida nas manifestações estéticas, como expressão da subjetividade.

O pensamento, ao se propor essa tarefa, é forçado a fazer um movimento em sentido inverso, isto é, a debruçar-se sobre as relações estabelecidas e decifrar nas ausências, nos não-ditos e mal-ditos, outras nomeações possíveis, o que leva a reflexão a deparar-se com as caracterizações e alternâncias de um processo cuja possibilidade de ser conhecido e compreendido depende fundamentalmente da capacidade de decifração dos sinais e indícios simbólicos que nos rodeiam, num exercício contínuo em direção à própria expressão do pensamento.

Ao deparar-se com essa tarefa, duas direções (entre outras) se destacam: *uma*, que se refere ao reconhecimento do *deslocamento* do eixo de reflexão do domínio da ação histórica em torno de uma categoria social (o proletariado, por exemplo), ou de um discurso (o materialismo histórico, por exemplo), *para* o campo das interações caleidoscópicas, em que os sujeitos se movem (sociedade de consumo, por exemplo); *outra*, que se refere à necessidade do pensamento de fazer-se presente em todos os âmbitos e que a vida se processa nos dias de hoje – do campo das relações intersubjetivas ao campo das expressões desse viver.

Situado desse modo, o pensamento encontra algumas possibilidades metodológicas exercitando-se no sentido de identificar elementos tangíveis do vivido, matizados pelas idéias de *deslocamento*, *fruição* e *interseção*.

Deslocamento, pelo qual o indivíduo experimenta uma ordenação do que lhe é perceptível de um lado, levado pelo sentimento de não-pertinência, e de outro, pela tendência a uma apreensão global das coisas.

Características que encontram na linguagem visual das mídias, especialmente aquelas relacionadas com as grifes, uma espécie de não-lugar e de não-identidade, realizando a trajetória da existência local para a contemporaneidade do mundo, representando um sujeito que pode se sentir em casa em qualquer lugar porque qualquer lugar é um lugar qualquer.

Fruição do indivíduo e do conhecimento, no sentido de que os indivíduos podem usufruir a singularidade, como pessoa, e podem usufruir o conhecimento sem que este torne-se próprio, considerando que um dos elementos estruturais da vida na contemporaneidade é a experiência do 'descentramento', tanto em relação ao sujeito como às categorias do pensamento.

Interseção como o lugar da mediação, o *locus*, o lugar de locução e de interlocução, em que os elos de significação são estabelecidos e é possível a emergência de uma *hipótese, como um novo modelo de racionalidade, em que as causas são inferidas* a partir dos efeitos, num processo analítico próximo do modelo terapêutico de análise, a que o prefixo *ana* confere também o sentido de 'procedimento' – quer visando a uma correlação de elementos, como em analogia, quer como modo de investigação propriamente dito, como em análise.

Na construção desse caminho reflexivo, o fundamental é o exercício para superar aquilo que Morin (1995, p. 14) chama de "modo mutilador de organização do conhecimento" e que se traduz na tentativa de relacionar aquilo que no trabalho será discriminado como o movimento de dissolvências e ambigüidades que, na medida do possível, desenraizado da lógica binária, abre um universo infindável de decifração dos códigos de inserção dos indivíduos.

Nesse sentido, a principal ênfase deste trabalho está dirigida para a parcela diária do existir na modernidade, ou seja, o cotidiano atravessado pelas agruras da sobrevivência e pelo imperativo do *voyeurismo* da própria vida, como se a velocidade das auto-estradas e das infovias contaminassem o próprio processo de vida e que, incapaz de oferecer condições para uma transformação substancial, revolucionária, compelisse os indivíduos a conviver com mudanças de *fachada*, na impossibilidade de estimular formas evidenciadas de acesso ao próprio desejo.

Isso porque realidade e artifício estão de tal maneira imbricados que a experiência e a ficção projetadas pela imaginação podem ser moldadas com tamanha pertinência pela linguagem visual, que o reconhecimento e a identificação com as formas exemplares da representação torna-se árduo e conflituoso, difundindo-se como uma *diáspora* na subjetividade, ou seja, um ser com um núcleo, porém, sempre disperso de sua individualidade.

As macroteorias – a economia, a sociologia, a antropologia, a psicologia, a história, entre outras – têm estabelecido o tema da identidade, bem como do consumo, como áreas significativas de pesquisa, desde os primeiros enfoques relativos à passividade presente no 'consumerismo' (C.Campbell) até a explicitação da natureza ativa e criativa do consumo em relação aos mecanismos de diferenciação e distinção no processo de construção da identidade, como, por exemplo, as recentes discussões sobre o gosto, a moda, o prazer.

O esforço empreendido nesta análise visa a escapar das polarizações disciplinares das macroteorias e não pretende ser u na valorização das 'microteorias' - aquelas que se processam diariamente nas páginas dos jornais, das revistas, dos artigos científicos, dos pequenos ensaios e das teses de doutorado.

A discussão sobre o consumo em relação à identidade, sob a perspectiva de uma subjetividade tensionada pelas interações cotidianas, foi construída sob uma certa autodisciplina do pensamento, no sentido de driblar as armadilhas da lógica binária, evitando-se ao máximo assumir as visões originalmente organizadas por meio da dicotomia entre uma 'base' e uma 'superestrutura', oposições entre macro e microprocessos, ou distinções discriminadoras dos indivíduos a partir de noções 'ativas' ou 'passivas' em relação ao consumo ou qualquer outra categoria que se apresentasse nesta análise.

Assim, o ponto de chegada remete ao ponto de partida, bem como todo o trajeto entre os dois se reveste da sensação de que ainda há muito a percorrer sobre a natureza e as relações concernentes à liberdade, criatividade, constrangimento, e à força radical da imaginação, no processo identitário relativo à experiência do consumo.

A primeira parte do trajeto é quase um passeio pelo cotidiano reflexivo da modernidade. Reflexividade que desponta na musicalidade, no ritmo alucinado e às vezes aparentemente monótono das atividades que se repetem, mas que, por outro lado, escondem o jogo frenético das tensões, fruto das necessidades e desejos não satisfeitos.

É isso que pretendem indicar as epígrafes e os títulos dos capítulos contidos na primeira parte deste livro.

Na segunda parte, o passeio adentra as características da reflexividade do consumo com base em três aspectos: no valor – as ações que são depositárias de significado; na fabricação de sentidos que contêm uma representação metafórica do indivíduo; e no *voyeurismo* reflexivo da tecnologia e da cultura visual.

Na terceira parte, o transeunte se depara com a subjetividade consumada e consumida, ou seja, aquela seduzida pelo sentido do efêmero, hedonista, mas também aprisionada aos signos remissivos dos vários sistemas de representação, e aquela absorvida pelo caráter simultaneamente ordenador e desordenador, direcionado e desviante, das fruições que, por intermédio da tecnologia virtual, deslocam o indivíduo indefinidamente para as interseções fluidas, voláteis, porém definitivas no amálgama da sua identidade.

PARTE 1

Consumo e Identidade

*Se os seres humanos por natureza não fossem,
na sua conduta comportamental,
mais moldáveis e flexíveis que os animais,
nem constituiriam em conjunto uma continuidade autônoma,
isto é, uma sociedade,
nem como singulares possuiriam uma individualidade.*

Norbert Elias

12   CAPÍTULO I

CAPÍTULO 1

A identidade local, global e o dia-a-dia

A trama cotidiana das relações organiza o espaço em cadeias de signos. Cada uma dessas cadeias é perpassada pela dimensão temporal, que dita também o ritmo das ações e dos comportamentos.

A música, a poesia, a arte, a literatura e outras formas estéticas têm captado o emaranhado dessa tessitura, porém, ao mesmo tempo em que se intensificam e se expandem as possibilidades e os limites das representações desse processo, também se ampliam as condições de ocultamento e acessibilidade ao cerne da subjetividade, uma das raízes da expressividade humana.

Este capítulo tratará de certas características desse processo, com o objetivo de mapear alguns dos elementos que aproximam o consumo à constituição da identidade.

Como ponto de partida, privilegiei a dimensão espaço-tempo do cotidiano, e, a título de ilustração, foram selecionadas três letras da música popular brasileira, compostas entre o final dos anos 60 e o início dos anos 90 do século XX: *O Cotidiano*, de Chico Buarque de Hollanda; *Você não entende (de) nada*, de Caetano Veloso; e *Diariamente*, de Nando Reis.

Essas músicas, que têm como tema o modo de viver que oscila de uma pequena parcela do tempo (o cotidiano), num espaço determinado, para outra pequena parcela (de outros cotidianos), num outro momento, num outro lugar, servem de itinerário pelas intencionalidades diversas, pelas sensações cambiantes, pelas conexões singulares, intermediadas pelos objetos de consumo.

1.1 "TODO DIA ELA FAZ TUDO SEMPRE IGUAL"[4]: O VIVER NOSSO DE CADA DIA

> *Todo dia ela faz tudo sempre igual*
> *me sacode às seis horas da manhã*
> *me sorri um sorriso pontual*
> *e me beija com a boca de hortelã.*
> *Todo dia ela diz que é pra eu me cuidar*
> *E essas coisas que diz toda mulher;*
> *Diz que está me esperando pro jantar*
> *E me beija com a boca de café.*

A identidade é aquilo que se repete, num ciclo de referências que aproxima aquilo que é idêntico. A vida nas grandes metrópoles, na modernidade atual (ou 'modernidade tardia' como querem alguns), impõe o ritmo para a circularidade remissiva da personalidade, da *persona*, em torno da qual gravitam as características particulares de cada indivíduo. Trata-se de um processo dinâmico, intercambiante, cujas oscilações, sugerindo aparente imobilidade, camuflam, ao mesmo tempo em que oferecem indícios, a rede de combinações que engendram possibilidades significativas de identificação, reconhecimento e personificação das pessoas.

Conseqüentemente, a tarefa de estabelecer as conexões, as rupturas, as intercorrências e os elos entre o contexto, os paradigmas e as finalidades, que compõem e que passam a representar o modo de ser e de existir das pessoas, na atualidade, torna-se cada vez mais complexa. De um lado, porque o ser humano vive a contingência das cadeias telemáticas, das novas redes de informação apoiadas nas novas tecnologias da eletrônica e do espaço, capturado num túnel do tempo que comprime, numa única dimensão, tempo-espaço, assim como o sentido de passado, presente e futuro. De outro, porque as fissuras e os equívocos,

---

[4] Da música *Cotidiano*, de Chico Buarque de Hollanda.

os traumas e as superações, as carências e os prazeres, embalados pela doce sensação de liberdade, subjugam as relações à lógica da descontinuidade, impelidas pelas demandas do deslocamento (das pessoas, do pensamento, dos modos de ser, de fazer, de criar), sempre necessário e quase sempre urgente, tornando impossível a aceitação de uma medida comum que estabeleça os liames da permanência espacial ou temporal.

Qualquer lucidez sobre esses ditames será sempre uma aproximação possível e nada além, valendo-se apenas do esforço da compreensão, do interesse pela investigação e do exercício crítico, às vezes incauto, outras vezes cauteloso, para buscar, num modo peculiar de ação, alguma visibilidade sobre a construção social do indivíduo e de sua identidade na contemporaneidade.

O propósito, aqui, é apontar alguns dos elementos que caracterizam esse processo intercambiante que compõe, decompõe e recompõe a identidade psicossociocultural dos indivíduos que vivem nas grandes metrópoles da atual modernidade, tomando o ato de consumir como uma das dimensões da atividade humana que gerencia, tenciona, reúne, dispersa, amalgama e realiza (no sentido de que torna real) a existência particular de cada um.

Apoiada na multifacetada trama dos conceitos que emergem do esforço por um diálogo multidisciplinar, em contraposição às linhas claras e distintas de um recorte teórico específico, a proposta visa primeiramente a mapear o sentido da ação que reside no ato de consumir e seus derivados, como, por exemplo, a atitude decorrente do consumo. Em segundo lugar, buscar as relações que, entremeadas ao ato de consumir, interferem no processo de individualização e, assim, delineiam as tensões pelas quais a identidade, a individualidade, se consuma.[5]

O ponto de partida é o cotidiano, a dimensão espaço-tempo das práticas que delimitam o campo significativo dos modos de ser e de se fazer indivíduo, entendendo-o como o mundo da realidade objetivada pela interpretação dos teóricos (aqui, da modernidade atual) e subjetivamente dotada dos sentidos que os membros de cada sociedade imprimem às suas vidas.

É no cotidiano que a dicotomia objetividade-subjetividade adquire contornos que estão para além daquilo que separa essa dupla dimensão da vida, para permitir que 'algo' constitua-se entre ambas, como uma tensão que produz a mágica do prazer e cria condições para que a poética possa conferir às relações

---

[5] De consumar – do latim *consummare* - colocado aqui com o sentido de 'realização'.

humanas um todo significativo, não como um componente do mundo natural, mas como uma criação da intencionalidade singular e individual.

No cotidiano, a vida se organiza em torno de rotinas pragmáticas que seguem o curso de uma lógica correspondente à época, à sociedade, ao núcleo de participação e convivência, enfim, aos diferentes modos de interação, o que, em outras palavras, diz respeito ao processar de ações recíprocas no interior de uma dada organização social. No entanto, neste mundo essencialmente prático, emergem sentidos que a lógica binária e excludente, ao longo dos tempos, tratou de apartar para o campo de uma racionalidade discriminatória cujas 'duras linhas de separação', como diria Peirce, levou a uma fronteira conceitual em que a força da interconexão adquiriu *status* menor, secundário, quase coadjuvante e subalterno ao processo 'turbilhonante' das diferenças e antinomias na formidável coreografia engendrada pelo cotidiano na modernidade atual.

O avanço da sociedade tecnocrática na direção da administração total das necessidades, interesses e desejos dos indivíduos, construída sobre a produção da miséria humana (violência, fome, degradação moral e genética), tem contribuído para a radicalização de alguns princípios motores e instituído padrões de comportamento que incidem sobre a estrutura da vida cotidiana.

Como diz Giddens (1994, p. 1), "a modernidade altera radicalmente a natureza da vida social cotidiana e afeta os sentidos mais pessoais da nossa experiência", e, se o centro do acontecer histórico é o cotidiano, como afirmou Heller (1985), nele, os indivíduos, ao fazerem suas opções aderindo, subvertendo, legitimando valores, princípios, crenças, modos de ação, quer na relatividade das determinações contingenciais ou circunstanciais, quer na absolutização dos diferentes modos de relacionamento do ser humano, evidenciam a conjunção de carências, angústias, realizações, tensões, que compõem o formidável multifacetado gênero humano, especialmente nas grandes metrópoles.

A qualidade do processar histórico da identidade, como um fenômeno dialeticamente tencionado entre o indivíduo e a sociedade, formula-se no cotidiano. Ao examinarmos, por meio dos processos de proliferação dos mecanismos de controle e poder agenciados pelos efeitos do *mass-media* ou pelas atividades de consumo, iremos, ao mesmo tempo:

❑ encontrar os elementos que imobilizam o desenvolvimento de uma consciência reflexiva pelo seu 'monitoramento' por satélites artificiais, tecnologias midiáticas, economias e políticas globalizadas que mantêm, controlam, alteram imagens, dados, informações, até tornar obsoletos fatos, situações e os mais diferentes conteúdos da prática humana;

❏ entender como se estigmatizam os comportamentos, como, por exemplo, os esforços para manter intacta a própria vida, à custa da indiferença civil e social; o consentimento na avaliação, pelo olhar 'especializado' dos outros; a perseguição do *status* como forma de integração social, por intermédio do assentimento à moda, à publicidade, ao mercado.

Entretanto, a análise, sob o ponto de vista macroestrutral, corre o risco de deixar escapar para o plano do desencantamento, que marcou o pensamento ocidental pós-Segunda Guerra, qualquer projeto de reflexão sobre a própria existência.

A despeito das inúmeras razões que poderiam nos induzir à armadilha de certos 'inculcamentos' teóricos, as conseqüências radicais e universalizadas da modernidade, conforme Giddens, reforçam a necessidade de correr esse risco para obter alguma compreensão sobre o apanhado de eventos que nos cercam.

A reflexão sobre si mesmo e a existência é fundamental na caracterização da identidade, porque dela nasce a compreensão que o indivíduo e a sociedade têm do seu processo histórico. A reflexão mobiliza e desenvolve a capacidade de o indivíduo ver-se do exterior, sair de si mesmo, perceber-se como independente e diferenciado. Essa aptidão apropria, para o indivíduo, diferentes possibilidades de estabelecer nexos entre passado e presente e, assim, projetar ações que se constituirão em objetivações livres de sua consciência.

No entanto, as ocorrências aparentemente regulares do dia-a-dia, que constroem a base daquilo que a maioria dos indivíduos tem como referência socioespacial, dando-lhe a percepção ou sentimento de pertinência a um grupo, a uma instituição, a uma localidade e lhe dizem de sua 'identidade', são freqüentemente dominadas de 'ausências' que necessitam ser preenchidas, mesmo que tangencialmente, por alguma forma de relação experiencial, considerando o caráter pragmático que domina a vida cotidiana.

Em outras palavras, enquanto se transita no fragmentado mundo de minipapéis, sem grandes articulações de sentido que contenham os opostos, o acaso conspira a favor de uma indeterminação que redunda em pragmatismo. O mundo regrado das obrigações, dos deveres, dos papéis estratificados socialmente pelos institutos de pesquisa, sucumbe aos rumos inesperados da oferta e da procura, ao sabor de aventura prometido pelas oportunidades e ocasiões descritas exaustivamente pelas mídias.

Assim, a apreensão da vida diária como uma realidade ordenada, que se repete por meio das tarefas rotineiras e de padrões de comportamento, que nos permitem assimilar a vida e a nós mesmos de uma forma objetivada, confunde-se com os produtos que intermediam esses processos. E a identidade de cada indivíduo pode muito bem ser não só o que ele come, mas, também, como se alimenta, onde, como é o local onde se alimenta, se estava só ou com quem estava, a que horas, qual a procedência do alimento, quem cozinhou, qual o período do ano, a que horas do dia, como foi introduzido àquela forma de alimentar-se e o que 'sabe' daquele alimento, naquele instante em que o saboreia e assim por diante.

O acaso capturado pela rede de relações necessárias à sobrevivência do mercado repercute na vida individual, como naturalmente integrante de um mundo que se mostra estranho na maior parte das vezes. Sua regularidade advém de estruturas preparadas para as faces inesperadas daquilo que possa vir a surpreender na ordem do dia-a-dia, compondo uma racionalidade que se sustenta em estratégias sem muitas garantias de êxito. No entanto, a convivência regular com essa estranheza, de que tudo pode nos surpreender e nada pode nos surpreender, solicita uma predisposição, uma entrega que não está dada, que necessita ser construída.

1.2 "TODO DIA EU SÓ PENSO EM PODER PARAR"[6]: ENTRE A ORDEM E A DESORDEM

> *Todo dia eu só penso em poder parar*
> *meio-dia, eu só penso em dizer não,*
> *depois penso na vida pra levar*
> *e me calo com a boca de feijão.*

O cotidiano comprimido, de um lado pelas demandas cada vez mais urgentes das tarefas e, de outro, por uma existência que se consome nas práticas regulares, enseja enlaces circunstanciais e intercambiantes no plano das rela-

---

[6] Da música *Cotidiano*, de Chico Buarque de Hollanda.

ções sociais, com inúmeras e minúsculas aquiescências e inconformismos que podem perfeitamente alterar os mecanismos da inserção social de alguns indivíduos.

O modo como essas mudanças se processam, a intensidade e abrangência das intercorrências que, gradativamente, vão compondo a proliferação das estruturas, a reorganização dos agentes culturais e sociais, são aspectos a serem considerados num outro capítulo. A questão fundamental, aqui, é tentar estabelecer o liame entre a produção de sentido que emerge do centro - no caso, do núcleo local, como lugar de existência diária - e o global, não apenas como campo de realizações em relação à sociedade e à cultura, mas também como produção teórica mais complexa sobre a multiplicidade de interações entre produtores e consumidores, emissores e receptores, remetentes e destinatários.

Há um elemento perturbador no processo de auto-reconhecimento do indivíduo. A luta pela sobrevivência e pela emancipação da vida não está propriamente vinculada a um projeto sociopolítico e, nesse sentido, também histórico, como um referencial significativo para as ações políticas[7], mesmo porque, na atualidade, o indivíduo prescindindo de uma consciência espaço-tempo como um dado inequívoco da existência vê sua identidade acontecer num universo regido pela diversidade, pela fragmentação e pela indeterminação.

As possibilidades de resistência e transformação inerentes ao processo dinâmico da vida, não encontrando ressonância nas perspectivas sociopolíticas em que se fundam alguns movimentos sociais atuais, são engendradas nas relações frágeis de confiança e solidariedade, diante do medo, do pânico gerado pela debilitada sustentação das condições de vida e da violência, fruto da anomia e da compreensão fugidia e efêmera sobre essas mesmas condições.

Não se trata apenas do reconhecimento da impossibilidade de movimentos homogêneos, massificados, com uma ideologia única, e, em contrapartida, a identificação de prioridades e diretrizes que necessitam ser continuamente reestruturadas e revistas, dado o caráter de provisoriedade das coisas, obrigando-nos a uma constante alteração de rota, nos moldes, por exemplo, dos movimentos ecológicos. Trata-se do reconhecimento sobre a interposição de elementos

---

[7] Consideramos que, apesar de algumas teorias pós-modernas afirmarem o esgotamento conceitual da epistemologia moderna e das análises histórico-sociais, o engajamento político é possível e necessário, tanto global como localmente, e que a pós-modernidade, em vez de significar a primazia da superficialidade e do efêmero em detrimento do histórico-político, representa a afirmação de transformações possíveis para 'além' daquilo que sempre se considerou como resultado e conseqüência das instituições ditas 'modernas', como, por exemplo, a indústria.

que não compunham o campo de ação sociopolítica, até bem pouco tempo atrás - sem dúvida, o dinheiro e o conglomerado de bens, produtos e serviços decorrentes do desenvolvimento da sociedade capitalista - e da sua importância no quadro das relações sociais.

Como diz David Harvey (1992, p. 217):

> Movimentos de toda espécie – religiosos, místicos, sociais, comunitários, humanitários, etc. – se definem diretamente em termos de um antagonismo ao poder do dinheiro e das concepções racionalizadas do espaço e do tempo sobre a vida cotidiana. [...] De fato, boa parte da cor e do fermento dos movimentos sociais, da vida e da cultura das ruas e das práticas artísticas e outras práticas culturais deriva precisamente da infinita variedade da textura e de oposições às materializações do dinheiro, do espaço e do tempo em condições de hegemonia capitalista.

E para além de tudo o que isso possa significar, do ponto de vista da identidade social-e-culturalmente constituída, persiste aquilo que Harvey (1992, p. 217) considera um paradoxo aparentemente irresolúvel, isto é:

> [...] Porque não somente a comunidade do dinheiro, aliado com um espaço e um tempo racionalizados, os define num sentido oposicional, como também os movimentos têm de enfrentar a questão do valor e de sua expressão, bem como da organização necessária do espaço e do tempo apropriado à sua reprodução. Ao fazê-lo, eles se abrem necessariamente ao poder dissolutivo do dinheiro, assim como às cambiantes definições de espaço e de tempo que surgem por meio da dinâmica da circulação do capital.

Esse paradoxo apontado por Harvey indica, no seu caráter de irreversibilidade, a necessidade de o pensamento espiralar-se em busca de um modelo de reflexividade sobre as ações dos indivíduos nas condições de vida da atualidade. Nesse processo, será necessário dar conta do escopo globalizante de muitas das tendências que incidem sobre as práticas cotidianas e, ao mesmo tempo, tentar compreender as descontinuidades e rupturas em relação às culturas tradicionais. Conexões e interconexões espaço-tempo que, por afetarem a vida dos indivíduos, sustentam o universo das opções, os cenários de referência sociocultural, o campo dos interesses e - por que não? - também as orientações do desejo.

Assim, em vez do anonimato tão atraente aos teóricos da modernidade atual, encontramos uma subjetividade hiperassertiva e problemática, simultaneamente a uma pluralista polivalência de pontos de vista. É preciso, portanto, situar esse indivíduo, para compreendê-lo à luz das ordenações e reordenações reflexivas geradas pelas relações sociais que, cotidianamente, são influenciadas pelos *inputs* de conhecimento e informação da sociedade atual.

No entanto, o caminho já mapeado da reflexão sobre o indivíduo na contemporaneidade é pleno de interseções, encruzilhadas e alternâncias das mais diferentes ordens. Nesse mapa, mais do que os contornos claros e distintos das linhas fronteiriças perfeitamente demarcadas, evidenciam-se as redes de conexão e a complexa malha de níveis e camadas intercambiantes que se põem, superpõem, e justapõem. A configuração dessa paisagem nos conduz a construções estéticas da linguagem, em razão de esta constituir-se na expressão mais significativa da mudança de percepção da realidade vivenciada pelo indivíduo da modernidade atual e, simultaneamente, à "racionalidade interativa sociopolítica", no dizer de Canclini (1997), com referência ao consumo nas sociedades contemporâneas, porque consideramos que, por seu intermédio, o imaginário coletivo se materializa em modos de realização pessoal, tornando-se parte do universo de identidade do indivíduo.

A tradução dessas inquietudes e, ao mesmo tempo, a composição dos elos que integrarão o pulverizado universo da existência cotidiana a partir desses elementos exigem, na modernidade atual, em um nível mais abrangente, o debate franco sobre a complexa relação entre o poder e o conhecimento; em um nível mais específico, o estudo sobre as intercorrências entre a linguagem e os símbolos miméticos, sons e narrativas que nos revelam outros modos de organização dos nossos sinais vitais de comunicação.

A perspectiva de edificação de um mundo de distribuição do poder assentado na tecnologia e no controle dos meios de comunicação, incluindo-se aí as mídias digitalizadas do ciberespaço de Lévy (1994), expropria do indivíduo os modos particularizados de racionalidade, propocionando-lhe uma possibilidade sedutora de se definir pelo assentimento ao assédio das linguagens do marketing, que abrem uma frente promissora para adquirir o status advindo do consumo.

Para o bem ou para o mal, a emergência desse indivíduo criou outras demandas para a subjetividade, que, transformadas em estratégias de ação, demarcam o aparecimento de outros atores sociais. Não mais os trabalhadores do proletariado marxista, mas os desempregados da globalização; não mais as mulheres em ascendência no mercado de trabalho e na participação política, mas os homossexuais; não mais os povos colonizados, mas os migrantes e os emigrantes, expatriados pelos interesses oligopolistas.

Esse modo de existir particularizado em busca de respeito e representatividade no espaço social e cultural vê-se às voltas com as situações de 'desencaixe' mencionadas por A. Giddens (1991, p. 29)[8], dificultando a integração ao mundo culturalmente estabelecido. Em decorrência, prevalece a ambigüidade de sentir-se participante da 'aldeia global' porque usufrui alguns bens de consumo, porém, ansiando pelo reconhecimento de sua identidade étnica, social, cultural, pessoal.

É possível, em conseqüência do pano de fundo sobre o qual se inserem práticas cotidianas reveladoras da apropriação dos produtos e objetos culturais, a identificação de subversões e transgressões insinuantes, por vezes silenciosas, de uma poética - portanto, de uma produção, de um fazer humano -, constituindo um sistema de referências diverso daquele de sua gênese, porém, extremamente significativo para a composição de uma identidade 'própria'.

Não são as regularidades do dia-a-dia que conformam a identidade ao pequeno mundo das representações ou mesmo dos comportamentos, mas é a identidade ressignificada cotidianamente por essa poética que constrói a racionalidade das regularidades sociais. Essa possibilidade está dada pelas diferentes condições do uso e dos procedimentos adotados por meio do consumo dos bens culturais, próprios ou não, mesmo tratando-se do consumo pelas classes 'inferiores' das produções culturais hegemônicas difundidas pelas 'elites', considerando o modo como as primeiras usufruirão e se utilizarão dessas formas enunciadas e impostas pelas segundas.

Pinheiro (1995, p. 16), ao tratar dos atos de linguagem, diz do comprometimento da interpretação com a evolução das idéias e suas respectivas formas concretas, e afirma que a "mente trabalha os signos, neste continente, mais pela fricção de superabundâncias alógenas (daquilo que alegoricamente diz o outro) do que pelos mecanismos binários de inclusão e exclusão". A saudável contaminação entre elementos que outrora eram dispostos de modo discriminatório pela lógica binária e excludente é forçada, na modernidade atual, devido ao poder da globalização, a encarar-se na turbulência das estranhezas e na miscige-

---

[8] "Por desencaixe me refiro ao deslocamento das relações sociais de contextos locais de interação e sua reestruturação através de extensões indefinidas de tempo-espaço".

nação dos gostos, interesses, assuntos e papéis sociais, intermediados por objetos que nem sempre correspondem aos símbolos conceituais, mas a produtos que representam algo mais que uma simples ascensão na escala social.

Com isso, os produtos que incidem sobre a estrutura da vida cotidiana criam condições para que o indivíduo, ao consumi-los, revele possibilidades para a identidade compor-se, recompor-se, decompor-se cotidianamente por meio da 'fricção de superabundâncias alógenas'; o dizer alegórico do outro, do *alter*, não é dado pelos produtos em si, mas conferido pelos mecanismos de desencaixe a que cada um dos atos de consumo está afeito.

A apropriação e o usufruto de bens na atualidade transcendem aos hábitos e práticas locais, que nada mais são do que inserções no *modus operandi* de determinada localidade. Há um compartilhamento de sentidos que serve às diferenciações de várias ordens (classe, gosto, estilo etc.), porém, de outro lado, estabelece conexões significativas que contribuem para uma autopercepção individual atendendo ao apelo de inserção social do indivíduo como pessoa, portanto, de um modo distinto daquele ordinariamente estabelecido pelos agentes culturais e pelas instituições sociais, o que, além de ser um desejo – como um impulso vital - e uma busca legítima, é uma resposta à constante tensão entre o *status quo* e uma possível nova condição. Quanto mais se radicaliza o cenário multifacetado da individualidade programada, do cérebro expandido, da excrescência alienígena dos robôs assemelhados às habilidades humanas, acentuando as possibilidades de ameaça a um equilíbrio minimamente estável para o indivíduo, mais intensa e profunda torna-se a necessidade, não da construção de uma regra, de uma norma – embora possa ser esta a conseqüência –, mas da silenciosa incubação e manifestação de alternativas em que mesmo o 'velho', o antigo, pode surgir como uma possibilidade reveladora.

Em outras palavras, a identidade emerge das práticas sociais em que o indivíduo, num esforço constante para constituir-se como pessoa, enfrenta a contradição entre aquilo que acontece e aquilo que deveria ter acontecido, entre aquilo que ele é e aquilo que esperava ser, não como uma rendição total ao modo de ser costumeiro das coisas, mas num nível próximo da superação das conturbações diárias pela formulação de opções de vida que, mais do que atravessadas por hábitos, é direcionada principalmente por uma relação intensa entre a ordem estabelecida e a possibilidade de uma nova ordem.

A cada instante e a cada ação com que o indivíduo consegue responder às ambigüidades e conflitos que atravessam seu dia-a-dia, para estabelecer minimamente um eixo de significação entre aquilo que vive e aquilo que gostaria de viver – condição primorosamente expressa pelas elaborações artísticas –, descortina-se um universo de possibilidades para a compreensão de si mesmo e do mundo.

Desse modo, a resistência à visão unidimensional presente na idéia de identidade como tensão do semelhante em relação ao diferente e que, num sucedâneo de analogias e comparações, compõe o que dizer dela, força o pensamento a defrontar-se com as bases, os efeitos e as possibilidades de um relacionamento com o outro (com o *alter*), em cujo cerne reside alguma forma de estranhamento.

O que é próprio passa a ser estabelecido pela qualidade dos vários modos de dialogar com o outro, pelo grau de participação nas interconexões e intercâmbio entre as diferentes formas de comunicação e pelo domínio da variedade dos recursos disponíveis no ambiente, de tal modo que o indivíduo tenha condições de ser usuário de um saber, de um bem cultural e de um produto que, mesmo não sendo próprio à sua origem sociocultural, permite-lhe a manipulação ou usufruto segundo suas próprias regras.

Trata-se de uma apropriação errática, que migra pelas diferentes características, qualidades, modos de ser e de estar, sem qualquer compromisso com uma essência universal ou anti-histórica.

Seu agenciamento por intermédio das promessas inovadoras da tecnologia, que criam, no cotidiano, a ilusão do tempo livre e descartam os excedentes sem culpa nenhuma, é um exercício constante na ambivalência da segurança e do risco, como um tênue equilíbrio no fio da navalha.

1.3 "TODA NOITE ELA DIZ PRA EU NÃO ME AFASTAR"[9]: SEGURANÇA E PERIGO.

Seis da tarde como era de se esperar
ela pega e me espera no portão
diz que está muito louca prá beijar
e me beija com a boca de paixão.
Toda a noite ela diz pra eu não me afastar
meia-noite ela jura eterno amor
e me aperta pra eu quase sufocar
e me morde com a boca de pavor.

---

[9] Da música *Cotidiano*, de Chico Buarque de Hollanda.

A experiência de viver e conviver é apreendida nas diferentes situações face a face com o outro, por intermédio da sociedade que, em patamares diversos, vai compondo a rede de condições e possibilidades e ensejando diferentes situações para a subjetividade tornar-se acessível e para a identidade contaminar-se de significados múltiplos, continuamente modificados em função das trocas extremamente variadas e sutis que atravessam os espaços de interação.

As características altamente flexíveis dessas limitações e possibilidades acentuam a contraditória necessidade de viver em meio às tensões da segurança e do perigo – portanto, do sentido da confiança e do risco.

Segurança e perigo são duas noções que adquiriram contornos mais modernos ao aproximarem seu significado dos termos 'confiança' e 'risco', respectivamente. De acordo com A. Giddens (1991, p. 29), os mecanismos de desencaixe, porque "removem as relações sociais das imediações do contexto", desenvolvem um modo diferenciado de estabelecer algumas das bases do relacionamento humano, entre elas, precisamente, o sentido da confiança.

O indivíduo cativo da dura rotina do trabalho 'mecânico' submete-se a uma estrutura temporal coercitiva, que interfere decisivamente nos seus processos de interação social no tocante ao modo de apreensão e de intercâmbio com o outro, nos seus vários níveis de expressividade.[10] É essa estrutura temporal predeterminada pela seqüência e continuidade das tarefas diárias que torna a condição da 'espera', inerente às coordenadas que conferem organicidade à nossa compreensão do dia-a-dia, um vazio cada vez mais apavorante. Ou seja, todo indivíduo tem uma consciência do horizonte de tempo para a realização de suas atividades e projetos, para a concretização de seus desejos e necessidades. Quando a estrutura cotidiana invade a vida singular de cada indivíduo sobredeterminando o conteúdo de sua expressividade em relação ao outro, de tal modo que esse 'outro' venha a ser um absolutamente estranho, distante e indiferente, a 'espera' comum e ordinária - por exemplo, da chegada do marido em casa ao final de um dia de trabalho - transforma-se em angústia e insegurança, porque desejos, sonhos, expectativas são monitorados por esse conteúdo já dado, em que a confiança relativa aos seus sentidos mais profundos encontra-se

---

[10] Thomas Luckmannn e Peter Berger (1976, p. 47) consideram que a mais importante experiência "dos outros" na nossa vida cotidiana ocorre na "situação de estar face a face com o outro que é o caso prototípico da interação social". Todos os demais casos, segundo eles, derivam deste. "Na situação face a face o outro é apreendido por mim num vivido presente partilhado por nós dois. Sei que no mesmo vivido presente sou apreendido por ele. Meu aqui e agora e o dele colidem continuamente um com o outro enquanto dura a situação face a face. Como resultado, há um intercâmbio contínuo entre minha expressividade e a dele."

marginalizada. A 'espera' cotidiana sustenta-se na crença, nas convicções socialmente construídas, que dão o suporte espaço-tempo para as expectativas e os projetos de cada um. Acredita-se que um estudante, ao cumprir, com regularidade e adequadamente, no tempo previsto, suas tarefas e obrigações, terá bons resultados nos seus estudos. Ações e atitudes baseadas na crença, na proporção de suas conseqüências, podem ser frustradas, desencorajadas, estimuladas, ou satisfeitas, o que, diante do leque de alternativas à disposição do indivíduo, parece indicar a existência de um certo sentido de confiança. Sentimento que tende a se acentuar quanto mais se amplia o grau de incerteza em relação às coisas, e não o inverso. Ou seja, os comportamentos cotidianos rotineiros e repetitivos, porque são visíveis, conhecidos, e 'exaustivamente' compreendidos, parecem não ameaçar a condição de confiança porque não se tem um controle sobre eles, mas a impossibilidade de dimensionar as circunstâncias de risco e perigo que 'rondam' o dia-a-dia torna o acaso, a imprevisibilidade dos acidentes, a emergência das turbulências de várias ordens, uma iminência real e ameaçadora.

Assim, a confiança relacionada à segurança não é um dado da idéia de risco pela presença de um perigo iminente, embora a violência urbana tenha acentuado essa possibilidade, mas está vinculada a situações contingenciais, ao grau de credibilidade depositado no resultado de determinadas ações ou no padrão de funcionamento de determinados sistemas que, grosso modo, garantem um certo nível de certeza de que o dia seguinte ocorrerá nos mesmos moldes do anterior. Certeza essa que esconde uma ansiedade de dupla ordem: de um lado, o anseio por uma certa regularidade previsível, ordenada, e, de outro, a pressão por um futuro programado, para reduzir o impacto dos riscos nas situações contingenciais a que todos estão afeitos.

Na modernidade atual, a segurança está estreitamente vinculada à idéia de confiança. Algo que não está dado e que necessita ser cotidianamente construído. De acordo com Giddens (1991, p. 41),

> A confiança pode ser definida como crença na credibilidade de uma pessoa ou sistema, tendo em vista um dado conjunto de resultados ou eventos, em que essa crença expressa uma fé na probidade ou amor de um outro, ou na correção de princípios abstratos (conhecimento técnico).

Trata-se, portanto, de um investimento razoavelmente intenso para quem, nos dias de hoje, vive nas grandes metrópoles, comprimido por um sentido de tempo e espaço regidos pela lógica funcionalizada, vivendo um dia-a-dia em que o espaço e o tempo são concebidos como sistema.[11] A resposta a essa lógica traduz-se em ações e atitudes centradas na credibilidade e na confiança, na ambivalência da fé e da crença, baseadas apenas numa expectativa de correção entre princípios de adequação - em outras palavras, ter fé e acreditar em sistemas e pessoas diz respeito a um funcionamento apropriado, e não à existência de boas intenções.

Desse modo, o indivíduo das grandes metrópoles, constrangido por "uma névoa espacio-temporal que degrada e decompõe a relação fecunda entre o aqui e o ali, o próximo e o distante, o dentro e o fora, o central e o periférico, o antes, o agora e o depois. Essas referências fundamentais (que) nos permitiam organizar nosso pensamento, definir nossas percepções, enfim orientar nossas ações" (CHESNEAUX, 1995, p. 30), esgota-se em cotidianas idas e vindas incessantes, freqüentemente interiorizando a necessidade de 'sair por aí', romper as amarras ordinárias e aventurar-se por experiências, às vezes incomuns, outras simplesmente diferentes do seu dia-a-dia e quase sempre apenas como uma oportunidade para relaxar.

1.4 VOCÊ NÃO ENTENDE (DE) NADA[12]: A PRESSÃO ESTRESSANTE DO IMEDIATO

Quando chego em casa, nada me consola
você está sempre aflita:
com lágrimas nos olhos de cortar cebola;
você é tão bonita
você traz a coca-cola, eu tomo
você bota a mesa, eu como
eu como, eu como, eu como, eu como
você não tá entendendo quase nada do que eu digo;

---

[11] Esse tempo e espaço referido como sistema tem a ver com a lógica que coordena as variáveis do espaço aéreo, das rodovias e do sistema viário das cidades, da gestão informatizada das empresas, do controle informatizado dos estoques e pedidos nas redes comerciais, enfim, a projeção e a simulação de tudo aquilo que pode ser programado no dia-a-dia de qualquer cidadão.

[12] Da música *Você não entende (de) nada*, de Caetano Veloso.

A expansão da uniformidade na organização social do tempo, tendo gradativamente operado o distanciamento do 'quando' em relação ao 'onde' e ampliado para um conjunto de ações temporalmente interligadas em escala mundial, provocou mudanças nos modos de representação social e a emergência de novos mecanismos de auto-identidade, como conseqüência da "crescente interligação entre os dois extremos de extensividade e intensividade: influências globalizadoras por um lado e tendências pessoais, por outro" (GIDDENS, 1994, p. 1), o que também contribuiu para que os diferentes sistemas de linguagem passassem a cumprir um papel de elucidação das camadas de subjetividade que se avolumam sob o manto da liberdade de expressão e de busca de realização pessoal.

De acordo com Canclini (1997, p. 139), a "identidade é uma construção que se narra", nesse sentido, na modernidade atual, já não pode mais ser definida pela associação exclusiva a um determinado território ou nação, mas deve, necessariamente, levar em conta a 'hibridização' dos cenários multideterminados, em que diversos sistemas culturais se interpenetram e se cruzam. Os extremos de extensividade (influências globalizadoras) e intensividade (tendências pessoais) sobrevivem à custa da transnacionalização das pessoas, dos produtos, dos signos e, simultaneamente, da regionalização da produção cultual. Dessa forma, principalmente na segunda metade do século XX, a arte, a poesia, a literatura e o cinema contribuíram decisivamente para a organização das 'narrativas' que compuseram a crônica das ações e atitudes cotidianas. Os hábitos (no sentido aristotélico), os gostos, os modos de ser que diferenciavam um indivíduo do outro e que, se, por um lado, são remitidos a alguma referência mundial (globalizada), de outro, afirmam a localidade por meio da 'mestiçagem', engendrada pelo consumo. Essa parece ser a dinâmica retratada por Caetano Veloso em "Você não entende (de) nada", com leve insinuação política. Todavia, hoje, as convicções políticas organizam as práticas cotidianas de um modo bastante diferenciado dos idos da década de 1970, mudança estreitamente vinculada ao que Certeau (1994) caracteriza como queda de cotação das crenças e como um certo tráfico nos atos de crer. Desses aspectos, trataremos mais adiante, para dar conta dessa migração da crença em direção a certas características dos atos de consumo nos dias de hoje.

A identidade, principalmente latino-americana, do ponto-de-vista de suas representações estéticas, e em função de seus componentes histórico-culturais, pode ficar à vontade no cenário das miscigenações, porque a extensividade e a intensividade da contemporaneidade estão impressas nas formas diversas do instante na vida cotidiana, ou seja, a dinâmica espacio-temporal da vida diária entremeada de diversidades que agregam, nas composições estéticas, aquilo que é imperativo nas situações vividas[13], tem um valor residual na constituição da identidade. Trata-se de um sentido de mestiçagem, no dizer de Laplantine e Nouss (1996:32-33), como "um estilo de vida, de modos de ser, jeitos de ver o mundo, de encontrar os outros, de falar, de amar, de odiar, nos quais a pluralidade é afirmada, não como uma fragilidade provisória, mas como valor constituinte".[14]

Em resumo, o indivíduo das grandes metrópoles se depara com a seguinte situação: está submetido ao mecanicismo das práticas cotidianas, mas o relógio de ponto que controlava seu ritmo diário de vida e prazer se estendeu a perder de vista. Suas capacidades e possibilidades pessoais se alongam por meio de sistemas que projetam suas convicções numa ficção de legitimidade, que tanto pode ser uma crença política, quanto uma filiação institucional, como, por exemplo, uma ONG (organização não-governamental), e cada uma dessas modalidades de interação participa do seu dia-a-dia, conferindo uma tonalidade, um ritmo, e um conteúdo, que adere e adorna sua identidade. Nesse sentido, suas atitudes podem estar em conformidade com os diferentes aspectos que aferem sua *performance* - palavra inglesa que designa não apenas o rendimento mecânico de um equipamento qualquer, mas também as proezas na execução e/ou representação de um papel qualquer, ensejando igualmente um universo de possibilidades de realização, na combinação e recombinação, de opções e alternativas para o conjunto de comportamentos e atitudes a serem adotados, para os quais, em geral, se espera retribuição, na forma de um reconhecimento estabelecido pela sociedade de mercado, em que o desempenho é medido em diferentes graus de produtividade.

---

[13] Não é por acaso que Daniela Mercury, cantora brasileira, regrava a música em epígrafe associando-a ao ritmo do *axé-music*, identificado com a produção músical dos grupos baianos brasileiros da década de 1990 e mundialmente popularizado pelo compositor americano Paul Simon, que, por sua vez, curiosamente, faz pesquisas sobre modos rítmicos em vários continentes, principalmente naqueles em que a produção cultural se impregnou da intrusão do verbal no não-verbal, ou da intrusão no campo da palavra, como diz Amalio Pinheiro (op.cit., p. 43), "do ritmo do tambor, dos quadris, do andar, (e) trazendo para o âmbito do significado de cada termo o estremecimento do significante, esse traço supra-segmentar, entonacional, que machuca o dicionário e o renova semanticamente".

[14] "[...] *un style de vie, des manières d'être, de façons de voir le monde, de rencontrer les autres, de parler, d'aimer, de haïr, dans lesquels la pluralité est affirmée non comme fragilité provisoire, mais comme valeur constituante.*"

O *locus* de amadurecimento do prazer e dos desejos, como, por exemplo, um certo amadorismo no tratamento das coisas, ou mesmo a ociosidade preguiçosa do pensar e do agir descompromissado, cede lugar gradativamente a uma intensa dedicação à profissão e a um sentido de profissionalismo como afirmação da competência e da eficiência. Todavia, a estabilidade está fora de perspectiva, quer em função da variabilidade das formas de trabalho, devido às rápidas alterações introduzidas pela tecnologia e a ativação de vários níveis econômicos, no conjunto das atividades diárias, ou porque é esperado e é permitido que as pessoas mudem de ramos de atividade e encontrem outros modos de se realizarem profissionalmente. A casa, o lar, que separa e distingue o mundo lá de fora, universo urbano e *publicizado*, do mundo de dentro, universo da privacidade e das relações pessoais, porém sem fronteiras claras ou bem definidas, torna-se o território de confronto desses dois universos, na aparente contradição que a música de Caetano Veloso parece narrar: "quando eu chego em casa, nada me consola". O mundo lá de fora, lugar da ordem, em que impera a lei das hierarquizações, dos elementos regrados, das configurações específicas das coisas, dos outros lugares, também pauta o ambiente doméstico, reduzindo a intensidade da busca de sentidos e finalidades de vida[15], minimizando, com isso, a possibilidade de um lugar e de um espaço representarem um território de pertencimento e de referência identificadora, no sentido proposto por Michel de Certeau (1994).

Desorientado - *"você não tá entendendo nada do que eu digo"* -, porque não são seus projetos pessoais que balizam as atitudes e ações, mas sim as múltiplas pressões da modernidade, representadas pela profusão efêmera dos produtos que invadem seu cotidiano, o indivíduo oscila entre os dois universos, o de dentro e o de fora, como se fossem dois mundos em oposição. Na verdade, um é o prolongamento do outro e, romper as amarras desse cotidiano, não é simplesmente pensar em poder parar e dizer não, como na música do Chico Buarque, mas também não é o ir embora, uma falsa alternativa, porque estar em casa não é qualquer referência mas uma referência qualquer.

---

[15] Michel de Certeau (1994, p. 201, 202) distingue a noção de 'lugar', da noção de 'espaço', no sentido de que "um lugar é a ordem (seja qual for) segundo a qual se distribuem elementos nas relações de coexistência. [...] Existe espaço sempre que se tomam em conta vetores de direção, quantidades de velocidade e a variável tempo. O espaço é um cruzamento de móveis. É de certo modo animado pelo conjunto dos movimentos que aí se desdobram [...] O espaço é um lugar praticado"..

1.5 "EU QUERO IR M'EMBORA"[16]: ENTRE O CONSTRANGIMENTO E A RESISTÊNCIA

Eu quero ir m'embora;
eu quero dar o fora;
e quero que você venha comigo
e quero que você venha comigo
eu me sento; eu fumo; eu como; eu não agüento;
você está tão curtida.

Os comportamentos que ensejam alguma satisfação nas relações, quer no sentido da produtividade, quer quanto ao sentimento de pertencimento a algum campo de intermediações simbólicas, estão submetidos a diferentes modos de constrangimento que caracterizam a vida cotidiana nas grandes metrópoles, ao mesmo tempo em que distanciam os indivíduos do cerne de sua subjetividade, são a condição para alguma forma de aproximação e conhecimento de si e do outro.

Desses diferentes modos de constrangimento, os deslocamentos, e a pressão sobre o tempo são os mais severos. Os deslocamentos, porque submetem a existência diária à condição fragmentária das múltiplas relações, e a pressão sobre o tempo, porque instala bases de outra natureza na relação com o espaço local e global.[17] De um lado, porque as bases de sustentação das relações interpessoais não estão dadas e precisam ser construídas; de outro, porque há uma compreensão sensível do vivido que não oferece ao indivíduo uma explicação profunda dos ditames do seu dia-a-dia e que o surpreende com uma racionalidade assentada num campo simbólico, cujo papel preponderante é desempenhado pelos objetos (signos) de(o) consumo. Ou seja, a cada dia um novo produto, um novo bem, um novo serviço surge, se não com a promessa de

---

[16] Da música *Você não entende (de) nada*, de Caetano Veloso.

[17] Jean Chesneaux considera o avanço tecnológico como um dos fatores principais na mudança de sentido da relação espacio-temporal. Segundo ele, "O progresso técnico (op. cit., p. 33), no qual os ganhos do tempo fazem parte dos ganhos de produtividade, encerra paradoxalmente a pressão tanto sobre o tempo social quanto sobre o tempo pessoal. Todos somos constrangidos a ajustes temporais cada vez mais fechados. Todos somos corroídos pelo cuidado de bem gerir a 'economia-tempo', pela obsessão de 'ganhar tempo', pela esperança de dominar os encadeamentos seqüenciais de seus atos e a cadência de seus movimentos. A sociedade de consumo é grande consumidora de tempo".

satisfação de todas as necessidades do indivíduo, com a perspectiva de identificação e manutenção de um estilo de vida que lhe garanta a mobilidade entre os diferentes papéis que tem de desempenhar: de consumidor, paciente, profissional, ou eleitor.

Esse modo de viver cotidiano, no entanto, tem um custo alto para o indivíduo que se senta, fuma, come, enfim, que consome, mas que não agüenta. Enquanto se diversifica a oferta de bens e serviços à disposição dos indivíduos, também se aprofunda uma certa asfixia do urbano que torna impossível dar conta das exigências diárias, a não ser aderindo às demandas próprias que a urbanidade das grandes metrópoles impõe como condição de sobrevivência. Assim, para poder dar conta da organização da vida das crianças, dos compromissos do trabalho e da vida social, do suporte 'administrativo' - como pagar impostos, renovar a licença do carro, ir ao dentista, fazer compras no supermercado -, tarefas que tomam tempo, é preciso ir à academia de ginástica, ou praticar ioga, ler livros de auto-ajuda, freqüentar o *club* do *whisky* etc. Nesse contexto, as tensões, as frustrações e as neuroses não são orientadas por um projeto específico de transformação da realidade, ou pelo recrudescimento de energias utópicas da humanidade, o que, segundo Habermas (1987, p. 5), "poderia denunciar uma transformação da moderna consciência do tempo", mas apenas refletem a rigidez crescente dos ritmos de vida com que, irreversivelmente, os indivíduos têm que lidar no dia-a-dia.

A perspectiva de resistir aos constrangimentos do cotidiano, como a música de Caetano Veloso parece insinuar, é, portanto, ilusória ou falsa. Não agüentar faz parte do jogo, porque é parte do viver moderno, contemporâneo. Suportar os imperativos do tempo, programar-se com antecipação para os vários eventos, ceder às pressões do instante, preocupar-se com as inquietações sobre a manutenção do emprego, integram a dinâmica diária nas respostas a cada uma dessas situações, sentado-se à mesa, fumando, comendo. Essa constatação é importante, porque indica que a relação do indivíduo com a sua contemporaneidade é de outra ordem, naquele sentido anteriormente mencionado, em referência a Habermas, no tocante a uma outra referência temporal, levando-nos a crer que os deslocamentos espacio-temporais da contemporaneidade, tendo afetado nossas percepções, nossos modos de pensar e conceituar[18], representam um outro modo de existir e de ser. Comprimidos pela pressão angusti-

---

[18] Afinal, esse é o debate travado pelos pós-modernistas.

ante do tempo, os indivíduos perdem de vista a realidade viva e específica de cada instante, apenas preservada residualmente nas narrativas que compõem a crônica das ações e atitudes cotidianas, e, nelas, encontram referências inscritas no tempo, por meio das quais podem se reconhecer e encontrar modos de se exprimir e agir conjuntamente.

Essas representações, transformando os hábitos em arte de viver por intermédio da música, da poesia, da literatura, das artes plásticas, do cinema, participam da estruturação das relações dos indivíduos com os principais domínios institucionais, desde a intimidade das relações pessoais até os diferentes subsistemas sociais, como o partido político, o clube, a igreja, a empresa etc. Nesse sentido, contribuem para compor o elenco de referências que, pela fricção de superabundâncias alógenas contidas nas diferentes representações estéticas, constituirá progressivamente, e de modo dinâmico, elos de significação para a identidade individual.

Portanto, a oposição entre o mundo de dentro e o mundo de fora, como dois universos opostos que confrontam a individualidade, na identificação dos elementos de pertencimento e de perspectiva histórica, inexiste, e se persiste de alguma maneira é porque decorre, como dizem Laplatine e Nouss (1996), de uma "lógica de separações", aquela que opera "em cascatas que acabam de ser evocadas e às quais acrescentaremos ainda as oposições entre o abstrato e o concreto, o geral e o particular"[19] e que, por isso mesmo, é incongruente, haja vista que a condição da urbanidade contemporânea, principalmente para os latino-americanos, ainda segundo Laplantine e Nouss (1996, p.76), "é ser com, ser junto, é partilhar – em geral de forma conflituosa – a existência. Privados do relacionamento com os outros, somos privados de identidade, isto é [somos] conduzidos por auto-suficiência e narcisismo ao autismo",[20] mais uma vez apontando o paroxismo, nos dias atuais, da separação entre o público e o privado. Talvez sejam essas as razões para a insistência do refrão "e quero que você venha comigo". No entanto, a lógica da separação reincide no verso seguinte, "eu quero tocar fogo no apartamento", reintroduzindo a temática do lugar-espaço como território das tensões, dos conflitos, da insatisfação.

---

[19] *"[...] en cascades (et) qui vienent d'être evoquées auxquelles nous ajouterons encore les oppositions entre l'abstrat et le concret, le général et le particulier".*

[20] *"[...] c'est être avec, c'est ensemble, c'est partager – le plus souvent conflictellement – l'existence. Privé de rapport avec les autres, nous sommes privés d'identité, c'est-à-dire conduits par autosuffisance et narcissisme à l'autisme".*

1.6 "CORRER MUNDO E CORRER PERIGO"[21]: PRIORIDADE DOS FLUXOS

Eu quero tocar fogo neste apartamento,
você não acredita
traz meu café com suita eu tomo;
bota a sobremesa, eu como;
eu como, eu como, eu como, eu como,
você tem que saber que eu quero
correr mundo e correr perigo
eu quero ir m'embora
eu quero dar o fora
e quero que você venha comigo.

Enquanto a lógica das sociedades modernas contemporâneas se estabelece como a lógica da mudança, isto é, que as práticas e processos de reprodução social pressupõem a permanente mudança e assim são referendadas pelo pensamento, "tocar fogo no apartamento" pode indicar alguma possibilidade 'revolucionária' de escolha e transformação, porém, trata-se de uma aparente imagem que, por outro lado, apenas aponta para a impossibilidade de mudanças radicais, considerando que "dar o fora" traduz-se numa continuidade do dentro, diante da distensão espacio-temporal que caracteriza a modernidade atual.

Permanece a idéia da aventura e do desejo de "correr mundo e correr perigo", confrontar-se com os constrangimentos cotidianos assumindo o risco, enfrentando os obstáculos, aparentemente como uma opção diante de um leque de possibilidades, em oposição às situações contingenciais. Assim também permanece a condição em relação ao outro ("você tem que saber que eu quero..."), todavia, sem perspectiva de engajamento ou solidariedade, porque qualquer alternativa para aventurar-se e arriscar-se, no conjunto de possibilidades oferecidas aos indivíduos, acontece mediada pelo consumo, e não por um processo de reflexão sobre si mesmo e a própria vida. Lembremos que, como afirmou Canclini

---

[21] Da música *Você não entende (de) nada*, de Caetano Veloso.

(1997, p.139), ao retomar o pensamento de Manuel Castells, "consumir é participar de um cenário de disputas por aquilo que a sociedade produz e pelos modos de usá-lo", portanto, reconhecendo a ocorrência de um processo de interação justificado racionalmente no interior do sistema social.

A diversidade de opções e possibilidades, por estar vinculadas a "processos profundos de reorganização do tempo e de espaço, aliados à expansão de mecanismos de descontextualização-mecanismos conducentes à abstração das relações sociais de localizações específicas, recombinando-as por vastas distâncias de espaço-tempo" (GIDDENS, 1994, p. 2), lança os indivíduos na articulação de comportamentos e atitudes que oscilam entre o universo da crença e o da confiança, e não na mera oposição binária, excludente. De um lado, porque constata-se um deslocamento de ordem epistemológica, da dúvida, que poderia alimentar-se das incertezas e inseguranças do mundo atual e, assim, servir de guia para a consciência, direcionando o pensamento e as ações dos indivíduos, mas que ainda resiste a sua institucionalização pelo pensamento ocidental, traduzida na forma de hipóteses a serem desvendadas segundo critérios e métodos preestabelecidos pela ciência. De outro lado, porque qualquer sofisticação na oferta de bens e serviços da atualidade não é capaz de transformar o desengajamento das pessoas, algo que exige, no dizer de A. Giddens, "um sentimento de segurança ontológica", cujo fundamento maior é a confiança, o que será desenvolvido numa outra parte desta análise.

O novo espaço urbano acentua o paradoxo da polaridade, da contigüidade e da estabilidade, características do lar-refúgio da identidade privada em relação ao aleatório, explosivo e cambiante, que caracterizam a vida nas grandes metrópoles. Enquanto cada vez mais o universo da privacidade é invadido pela profusão de variedades de produtos, de fluxos de informação, de 'redes' de relações pessoais (das agremiações políticas, da escola, do clube, da empresa, da igreja etc.), com naturalidade, a mobilidade dos hábitos passa a ser processada pelos indivíduos, numa franca adaptação de conformidades que se estendem para a vida a dois. O apelo da música de Caetano Veloso para correr mundo, correr perigo junto com alguém, não é uma negação ao consumismo presente no seu cotidiano, mas um apelo para que se aceite a prioridade dos fluxos da vida moderna.

1.7 "DIARIAMENTE"[22]:
PARA VOCÊ O QUE VOCÊ GOSTA

Para o telefone que toca
Para a água lá na poça
Para a mesa que vai ser posta
Para você o que você gosta
Diariamente.
NANDO REIS

Segundo A. Giddens, "a modernidade é uma cultura do risco", um risco que deriva do caráter globalizado dos sistemas sociais da modernidade. Os diferentes modos como os indivíduos se deparam e reagem a essa cultura são captados numa rede de significados que, cada vez mais indicam a intensidade com que o emaranhado das relações afeta a subjetividade e assim compõe a identidade.

Diariamente, nas grandes metrópoles, presenciamos a osmose e simbiose dos elementos no emaranhado efêmero, fugidio e volátil, da rede de significados que emerge e transita pelos objetos e pelas ações dos indivíduos e suas representações. Nessa rede, as relações interpessoais engendradas no interior de cada um dos subsistemas sociais, ao mesmo tempo em que vive o esvaziamento da condição de reflexividade, testemunha a expansão da miscigenação dos gostos, dos estilos, das qualidades das coisas, dos modos e maneiras de ser.

Essas duas características não exercem influência uma sobre a outra aos moldes da relação 'causa e efeito', mas subsistem reciprocamente alimentadas pelas condições de vida da modernidade atual.

O amplo e variado elenco de alternativas disponíveis aos indivíduos, aqui não interessando o poder aquisitivo em si, mas a relação estabelecida com a diversidade de bens e produtos, faz com que, na contemporaneidade, a noção de estilo de vida, por exemplo, venha a ter um significado particular.

---

[22] Música de Nando Reis, do grupo Titãs. A letra completa da música está no final do texto.

Para Giddens (1994, p. 4.), "quanto mais a tradição perde a sua influência e quanto mais a vida diária é reconstituída em termos de jogo dialético entre o local e o global, tanto mais os indivíduos são forçados a negociar escolhas de estilos de vida entre uma diversidade de opções".

A música *Diariamente*, de Nando Reis, parece indicar a simultaneidade desses movimentos, lembrando sempre que o dinamismo das tensões cotidianas é intercorrente, ou seja, um elemento interfere no outro sem que haja necessariamente uma causa principal para a seqüência de eventos desencadeada. Se uma catástrofe qualquer se abate sobre o cotidiano dos indivíduos, a cadeia de eventualidades que se segue é decorrente da trama de relações que compõe o dia-a-dia desses indivíduos, em que a catástrofe é só um ponto de interseção[23] .

Num ritmo melódico repetitivo e, de certa maneira, hipnótico, a música contrapõe a lógica da continuidade seqüencial dos versos à lógica da descontinuidade na justaposição de 'textos visuais', como se fossem fotografias em preto-e-branco, *caleidoscopicamente* agregando relações de tempo e espaço na composição de um eterno presente por meio de referências passadas. É o caso, por exemplo, dos versos: "Para galocha, Verlon; para a menina que engorda, Hipofagin; para beber uma coca, drops", numa alusão a produtos e termos remanescentes de determinada época.

De outro lado, não há uma contraposição entre o mundo pessoal, íntimo, da casa e o mundo fora do universo familiar, que aparentemente instiga inconformismos e aventura, mas que denuncia, pela linguagem denotativa dos letreiros publicitários – "para lavar a roupa, Omo"; "para o Adidas, o Conga Nacional"; "para parecer mais nova, Avon" –, intermeada por imagens aparentemente poéticas – "para o outono, a folha exclusão"; "para dormir a fronha madrigal"; "para brincar na gangorra, dois" –, o sentido efêmero e fragmentário de recortes e *flashes*:

❏ das coisas de que se ouviu falar, mas não se sabe onde – "para que serve a calota Volkswagen?";

---

[23] O cineasta polonês Krzysztof Kieslowski, na sua trilogia fílmica *"A liberdade é azul"*, *"A igualdade é branca"*, e *"A fraternidade é vermelha"*, filmes produzidos em comemoração aos 200 anos da Revolução Francesa, atualizou os temas que sintetizaram o espírito revolucionário dos franceses, tratando-os a partir das tramas engendradas pelas relações cotidianas. Sem dúvida, o conteúdo proposto pelos filmes exige análise mais aprofundada; no entanto, merece destaque o fato de os personagens de cada um dos filmes, com trajetórias de infortúnios afetivos, sobreviverem às suas tragédias particulares para encontrarem-se como únicos sobreviventes de uma catástrofe final.

❏   dos lugares descontextualizados de sua geografia – "para o Pará, o Amazonas, látex"; "para parar na Pamplona, Assis";

❏   da impessoalidade dos objetos ordinários - "para difíceis contas, calculadora"; "para lápis ter ponta, apontador"; "para limpar a lousa, apagador".

Buscar um sentido de coerência entre esses elementos parece impossível, talvez porque, aqui, a unidade não se sustenta sobre o sentido e o significado das palavras, mas sobre aquilo que cada uma das expressões permite registrar, resgatar e, principalmente, projetar como imagem.

Na contemporaneidade das grandes metrópoles, a cotidianidade não é apenas o complexo conjunto da estonteante variedade de produtos, bens, serviços, vidas, sonhos, e interpretações, descrito pelos pós-modernistas, mas é um contínuo e constante apelo ao poder e à influência das imagens.

Diante de um cotidiano de recortes, fragmentos, indeterminações e descontinuidades, com extrema liberdade para o indivíduo combinar e recombinar o conjunto de referências, conforme seu gosto, seu desejo, sua necessidade, compondo representações que se apóiam na linguagem verbal, para construir imagens que traduzam a forma contemporânea de viver, torna-se necessário diferenciar o meramente visual do sentido estético da imagem.

O visual tem pouco a dizer ou a desestabilizar; é suficiente para a identificação rápida e imediata. A imagem, no entanto, traduz informações, o que exige uma capacidade articuladora de leitura dos signos. A questão principal é distinguir entre ser capaz de ler os sinais, numa alfabetização primária, e ser capaz de ver o que os signos dizem, numa apropriação legítima. A poesia, a arte, a literatura, a música, o cinema, têm a capacidade de evidenciar, de algum modo, aquilo que merece ser visto; o pensamento racional, às vezes... Eis que surge, então, o problema: será que aquilo que não 'merece ser visto', porque não reflete qualquer qualidade sígnica,[24] é parte da indefinição, da falta de clareza, ou do nível de alienação próprio do sistema e por isso, apenas por isso, diz algo?

---

[24] A questão da 'qualidade sígnica' das representações é bastante polêmica, e aqui não se refere a uma oposição entre 'melhor' e 'pior', mas sim ao grau de densidade da "taxa de possibilidades informacionais orais/visuais/corporais, etc. junto às verbais, recrudescendo o elemento de choque via comunicação analógica" (PINHEIRO, 1995, p. 23).

Nos tempos atuais, não há como confinar qualquer possibilidade de relação desses elementos ao segmento específico da normalidade científica. A construção visual apela para outras normatividades; conseqüentemente, sua ordem de inserção, no cotidiano atual, é mais intensa do aquilo que a sistematização e a crítica do pensamento ocidental da segunda modernidade era capaz de supor.

Há uma citação de Serge Daney, mencionada por Debray (1993, p. 293), que diz: "Evidentemente, o visual diz respeito ao nervo ótico, mas nem por isso é uma imagem. A condição *sine qua non* para que exista imagem é a alteridade". Distinção fundamental, que remete à invariável capacidade contemporânea de aceitar naturalmente a emoção imediata provocada por alguns signos presentes na linguagem visual.

Essa sensação nutre, nos indivíduos, uma atração irresistível para - com fortes impulsos interiores de agregar características, atitudes e comportamentos, numa constante e infindável re-combinação e recomposição de elementos, sem claras distinções, porém capazes de incorporar, como um movimento legítimo - as fissuras e os equívocos do existir contemporâneo.

As razões, de várias ordens, para tal ocorrência e que aqui interessa investigar, buscam o sentido afirmativo de alguns princípios do viver na contemporaneidade que se refletem nas diferentes maneiras como os indivíduos podem se ver e serem vistos, intermediados por atos de consumo, que garantem e mantêm:

❏ a unidimensionalidade do passado, do presente e do futuro;

❏ a adaptação aos riscos das emergências diárias, no paroxismo irreversível da construção da confiança, como base da segurança e do senso de direção;

❏ e a convivência com a transitoriedade dos elementos (e também dos signos) como referência para toda a ordem de deslocamentos da modernidade atual.

As partes subseqüentes a essa visam a aprofundar cada um desses aspectos, na configuração das seguintes idéias:

1. A costura do visível é plena de sensações, e a plenitude do encanto provocado pelo visual, ao se estabelecer alguma qualidade estética no conteúdo da imagem, conjuga vertentes de passado e de atualidade, em que o futuro se delineia como combinatórias de uma experiência de renovação.

Esse mundo 'já visto sem jamais ter sido visto' pressupõe o enfrentamento do contraponto de olhares que lêem, investigam, interpretam, reproduzem a vida em sociedade. Conseqüentemente, supõe a avaliação dos riscos envolvidos em um processo de inclusões e exclusões, estimuladas e provocadas pelo contato visual com as coisas.

O incômodo que a imagem gera, em contraposição ao meramente visual, intensifica-se na modernidade em razão do conjunto de elementos narrativos que passa a reunir no tocante à identidade. Porque deixa de ser o olhar do outro, no sentido do *flaneur* baudelairiano, o que instiga a reflexividade do indivíduo, e passa a ser o olhar de si mesmo projetado nos objetos, bens e serviços produzidos pela sociedade contemporânea.

2. Canclini (1997a, p. 119.), no artigo "Narrar o Multiculturalismo", ao referir-se à questão da identidade diante dos debates sobre o multiculturalismo, faz a seguinte afirmação:

> A identidade surge, na atual concepção das ciências sociais, não como uma essência intemporal que se manifesta, mas como uma construção imaginária que se narra. [...] Os referentes de identidade se formam, agora, mais do que nas artes, na literatura e no folclore – que durante séculos produziram os signos de distinção das nações -, em relação com os repertórios textuais e iconográficos gerados pelos meios eletrônicos de comunicação e com a globalização da vida urbana.

Segundo Canclini, a multiplicidade desordenada das grandes metrópoles, principalmente latino-americanas, induz o indivíduo a uma "incerteza angustiante", o que representaria uma dificuldade para as narrativas em "abarcar os sentidos dispersos" que transitam por elas.

Todavia, o *flaneur* da modernidade de Baudelaire, amante dos passeios erradios pelas alamedas, se depara, na modernidade atual, com os intrincados caminhos de trajetórias diversas, não só no espaço urbano, mas também nas infovias eletrônicas de um espaço simultaneamente público e privado, e, irreversivelmente, já não pode passear pelas ruas saciando os olhos com o consumo simbólico das vitrines.

No processo de auto-identificação, a conexão das múltiplas referências acontecerá mediante as escolhas que o indivíduo vier a realizar e a projeção de um caminho, que retroalimentará as opções feitas promovendo um salto de ordem reflexiva[25] e que lhe permitirá o enfrentamento dos riscos e o desenvolvimento de uma base de confiança.[26]

3. Na modernidade atual, o olho salta de um continente ao outro, de uma localidade a outra, de um signo ao outro, motivado pelos estímulos visuais, e, nesse transitar, persegue o ritmo de um cotidiano que salta pelas várias dimensões do vivido flutuando entre objetos, eventos e situações, que captam o interesse, o desejo e a necessidade do indivíduo em um 'amor à primeira vista' paradoxalmente redundante e ilusório.

Ou seja, como o sentido de alteridade desgastou-se na ambivalente *constância-e-inconstância* das opções sucessivas e da ausência de uma medida comum para o agir cotidiano, aquilo que é visto, percebido e compreendido traduz-se num acordo, como um assentimento, em uma harmonização muda e inconsciente entre o indivíduo, os produtos, os bens e os serviços, disponibilizados pela modernidade atual.

As narrativas captarão, portanto, no modo como os indivíduos experimentam o seu viver diário, mais do que o ver e os relatos do que foi visto, as intercorrências inquietantes das descontinuidades da vida urbana, numa profusão de imagens, cujo ponto de conexão é a representação que, emblematicamente, o indivíduo fará para si, em um sucedâneo de modos de ver por detrás do olhar. O que significa discriminar os efeitos do banalismo visual e assumir o confron-

---

[25] Esse salto de ordem reflexiva cria as condições para a identificação - nesse sentido, a 'participação do indivíduo', naquilo que Pierre Levy chama de "espaço do saber", na relação entre "uma identidade sapiencial" e a "inteligência coletiva". Diz ele (1997, p. 193-194): "É da associação e da metamorfose das comunidades pensantes que nasce e se perpetua o Espaço do saber. Cada intelecto coletivo segrega um mundo virtual que exprime as relações que ele próprio mantêm no seu seio, os problemas que o colocam em movimento, as imagens que ele faz do seu meio, a sua memória, o seu saber em geral. Os membros do intelecto coletivo co-produzem, organizam e modificam continuamente o mundo virtual que exprime a sua comunidade: o intelecto coletivo nunca deixa de aprender e de inventar.

[...] No espaço do saber, a identidade do indivíduo organiza-se em torno de imagens dinâmicas, imagens que ele produz através da exploração e da transformação das realidades virtuais nas quais participa"..

[26] Aspectos fundamentais para a identidade, na modernidade tardia, conforme as idéias defendidas por Giddens.

to entre a lógica totalizante das imagens projetadas (por exemplo, a elaboração de projetos urbanísticos para a recuperação de prédios antigos ou de espaços públicos, ou mesmo a redefinição mais moderna de ruas e avenidas, por meio de projetos arquitetônicos) e a lógica fragmentária das imagens difundidas dos multimeios (desde uma exposição de arte itinerante ou um periódico eletrônico a um videoclipe ou uma série de televisão), como referências para um processo inextinguível de auto-identificação.

Para saber discriminar e, assim, fazer uma boa leitura da vida nas grandes metrópoles, será preciso, mais do que "se dobrar ao ritmo e gozar as visões efêmeras", como afirma Canclini (1997), estabelecer conexões articuladoras dos signos, na promoção "de uma relação contínua entre a distanciação, por um lado e, por outro, a mutabilidade crônica das circunstâncias locais e dos engajamentos locais", como defende Giddens (1994).

Assim, nos versos da música "Diariamente", a repetição da mesma estrutura lingüística, a combinação aleatória de objetos e imagens, a promoção do presente em falsas referências simbólicas, comprime o ciclo rotineiro do cotidiano na sensação de algo inacabado, não sem insinuar outras possibilidades de agrupamentos, construções e relações, porque a condição final é a de que oferece ao indivíduo, entre outras coisas, o que ele gosta, num infindável e cotidiano prolongamento de prazer.

CAPÍTULO 2

A identidade que se consome

As máscaras são expressões controladas e ecos admiráveis do sentimento, ao mesmo tempo fiéis, discretas e supremas. As coisas vivas em contato com o ar devem adquirir uma cutícula, e não pode argumentar que as cutículas não são corações; contudo alguns filósofos parecem aborrecidos com as imagens por não serem sentimentos. Palavras e imagens são como as conchas, não menos partes integrantes da natureza do que as substâncias que cobrem, porém melhor dirigidas ao olhar e mais abertas à observação.
GEORGE SANTAYANA (apud GOFFMAN, 1975, p.)[27]

---

[27] SANTAYANA, G. *Soliloquies in England and later soliloquies.* Nova York: Scribner's, 1922, p.131-132.

Do ponto de vista da 'lógica do capital', considerando-se a extraordinária expansão da economia capitalista, muito já se produziu com relação ao consumo e à administração do sistema, que projeta e gera suas condições de garantia e manutenção. Atualmente, parece restar apenas a análise das suas implicações, como modo de atualização dos eventos decorrentes.

No entanto, o complexo fluxo constantemente renovável de produtos e mercadorias e a geração indiscriminada de fenômenos e eventos que escapam ao controle das variáveis dos diferentes sistemas, como, por exemplo, o sistema desterritorializado de produção de bens e serviços, paradoxalmente são, cada vez mais, incapazes de produzir de modo sistematizado "a leitura do *status* ou da posição hierárquica do portador das mercadorias" (FEATHERSTONE, 1995,:p.36), ou seja, do consumidor e dos vários elementos que interferem no seu processo de escolha.

A questão que se coloca, aqui, é se os produtos, se as mercadorias são usadas, consumidas, para marcar diferenças sociais e, assim, transmitir mensagens, nos moldes de uma identificação do indivíduo como sujeito, levando-o cada vez mais a buscar 'fora de si' os critérios de uma identidade estável, ou, se essa identidade, não podendo abstrair do mundo, repleto da oferta de produtos, bens e serviços, flutua entre as referências locais e globais como um modo de ter acesso a alguma individualidade, ou, ainda, se trata-se de uma combinação de ambas as possibilidades, como confortáveis formas de trocas simbólicas.

Na concepção de Bourdieu (1984, p. 128-129), a relação entre o consumo de bens e produtos é quase unívoca, isto é, o gosto, a preferência, enfim, aquilo que leva à escolha, são modos de classificação e igualmente classificam o classificador.

Os julgamentos que determinam as opções de consumo também discriminam os critérios do próprio gosto e das preferências, tornando-os, assim, passíveis de análise e julgamento pelos demais. Mesmo que seja dessa forma, persiste, anteriormente às práticas cotidianas das escolhas, o sentido por meio do qual a preferência é construída. De acordo com Bourdieu (1984), esse processo diz respeito ao capital cultural; entretanto, na contemporaneidade, esse capital, é igualmente fluido, volátil e efêmero, o que torna sua tangibilidade tão dispersa e fugidia quanto as imagens de um videoclipe.

Em outras palavras, mesmo que se possam detectar princípios sociais reguladores que garantam o investimento em determinados bens para manter as diferenças e distâncias das classes sociais e, por meio delas, ter de alguma forma assegurado o mérito da distinção e da identidade social dos indivíduos, persiste, na investigação desse fenômeno, um aspecto anterior relativo ao sujeito e seus modos de ver por detrás do olhar, em relação aos hábitos, preferências e disposições que circunscrevem os bens usados como discriminadores do status social.

A lógica cultural de diferenças, descrita principalmente por Bourdieu (1984), e que estabelece diferenciações por oposições e determinações relacionais, torna-se restritiva diante da erosão de muitas das fronteiras distintivas dessa hierarquização. O amálgama da tessitura social, tal qual se desenha nos dias atuais, põe em evidência muito mais os elementos disformes, desconexos e bizarros dos vários grupos sociais, do que os sinais das disposições e regularidades do capital cultural que compõem a matriz genealógica de cada um dos indivíduos particularizados.

Decantadas as regras das desordens, pode-se abrir espaço para a revelação das oscilações dos sonhos, fantasias e desejos que se aninham na subjetividade e que, por manterem uma certa regularidade, alcançam o imperativo de tornarem-se realidade e, assim, comporem uma identidade consistente e não menos íntegra. É nesse universo que a lógica da libido (se é que aí persiste alguma lógica) se aproxima da lógica do consumo.

O consumo, nas suas formas atuais, profundamente enraizado na sociedade de produção da modernidade tardia, também não pode mais ser explicado pelas oposições weberianas, em que o que era negado ao consumo deveria ser concedido ao culto da razão ou da ciência. Aliás, Max Weber ajuda-nos a compreender o conjunto de princípios que conformam o individualismo, no sentido da configuração de um sujeito que se converteu em um valor em si mesmo, cujas propriedades constitutivas não são outras senão sua autonomia racional, a capacidade de realização e de organização de uma ordem política e econômica que gira em torno das competências desse sujeito, características importantes para compreender os fundamentos da relação entre esse indivíduo da modernidade tardia e o social, porém, nesse caso, insuficientes para dar conta da complexidade que perpassa o indivíduo e as situações sociais.

A desconfiança em relação aos prazeres, em oposição a uma sociedade voltada para o trabalho, e a tendência dos círculos intelectuais de desvalorizar esse campo do comportamento humano reduziram a idéia de consumo a uma linguagem do nível social, ou, então, a uma escala de satisfação das necessidades desde os bens mais indispensáveis até estilos de vestimenta ou de habitação, o que, segundo Douglas e Isherwood (1996, p. 49), implica falsa distinção, porque todos os bens são portadores de significados, não em si mesmos, mas com base na totalidade das relações entre os vários bens:

> Deixe-nos colocar um fim na difundida e enganosa distinção entre bens que sustentam a vida e a saúde e outros que servem à mente e ao coração – os bens espirituais. Essa falsa distinção deixa uma massa de desnecessários luxos como responsáveis pela mistura de ingenuidade do consumidor e sinistros anúncios. O contra-argumento proposto aqui é que todos os bens são portadores de significado, mas nenhum por si mesmo. Assim como nenhum gesto de poupar não pode ser interpretado por si mesmo, mas somente como parte de toda a fonte de rendimentos adquiridos através da vida, e assim como uma palavra de um poema usada em um outro contexto não tem poesia, um objeto físico não tem sentido nele mesmo, e a questão sobre o porque do seu valor não ter sentido também.[28]

Ainda prisioneira das oposições, a análise sobre a relação entre o indivíduo e o consumo recai, invariavelmente, nos fatores de fundamento econômico e pouco traduz o universo invadido pela sedução, pela identificação e legitimação dos grupos e papéis sociais, ou até pelo narcisismo exacerbado da vida nas grandes metrópoles, incitando a uma reflexão perversa sobre os paradoxos das identidades pensadas com base no grau de sua inserção nos mercados, ou seja, o universo de excluídos que alimentam as teorias sociais e referendam critérios para programas de desenvolvimento social.

Entretanto, mesmo que se pretenda passar ao largo dessas discussões teóricas, a constatação de que a posse material de determinados bens é portadora de significados sociais ratifica a permeabilidade das fronteiras teóricas e seus fundamentos, bem como a importância de uma leitura transversal. Portanto, o que se traduz aqui, no exercício do esquecimento com relação à idéia de consumo como irracionalidade ou mero acesso a determinados bens ou mercadorias, busca caracterizar o seu sentido, segundo Douglas e Isherwood (1996, p. 41) de "meio

---

[28] "Let us put no end to the widespread and misleading distinction between goods and sustain life and health and others that service the mind and heart-spiritual goods. That false distinction leaves a mass of unnecessary luxuries to be accounted for by a mixture of consumer gullibility and sinister advertising. The counterargument proposed here is that all goods carry meaning, but none by itself. Just as one gesture of saving cannot be interpreted by itself, but only as part of the whole perceived flow of income throughout the lifetime, and just as one word from a poem used in another context has no poetry, so one physical object has no meaning by itself, and the question of why its value has no meaning either."

não-verbal da criativa faculdade humana" (*"nonverbal medium for the human creative faculty"*):

"Esqueça a idéia da irracionalidade do consumidor. Esqueça que *'commodities'* são boas para alimentar, vestir e proteger; esqueça sua utilidade e, em vez disso, experimente a idéia de que *'commodities'* são boas para o pensamento; trate-as como um meio não-verbal da criativa faculdade humana."[29]

É esse o propósito do segundo capítulo deste trabalho: analisar as relações entre o consumo e a produção de signos, bem como seus efeitos na vida social e na produção cultural. Por enquanto, ainda no sentido de explicitar os fortes impulsos identitários atravessados pelos hábitos de consumo e sua caracterização nas narrativas cotidianas como um modo de aproximação desse "meio não-verbal da criativa faculdade humana" e "bom para o pensamento".

2.1 A AUSÊNCIA DE CONTINUIDADE E O FENÔMENO PENDULAR DO *COCOONING*

> *Eu ando pelo mundo prestando atenção*
> *em cores que eu não sei o nome*
> *Cores de Almodóvar*
> *Cores de Frida Khalo, cores*
> *Passeio pelo escuro,*
> *eu presto muita atenção no que meu irmão ouve*
> *E como uma segunda pele, um calo, uma casca,*
> *uma cápsula protetora,*
> *eu quero chegar antes*
> *pra sinalizar o estar de cada coisa,*
> *filtrar seus graus*
> *Eu ando pelo mundo divertindo gente*
> *chorando ao telefone*
> *E vendo doer a fome dos meninos que têm fome.*
> ADRIANA CALCANHOTO, Esquadros

---

[29] *"Forget the idea of consumer irrationality. Forget that commodities are good for eating, clothing, and shelter; forget their usefulness and try instead the idea that commodities are good for thinking; treat them as a nonverbal medium for the human creative faculty."*

A visão do consumo pela liberalidade da escolha do consumidor, de acordo com Douglas e Isherwood (1996, p. 36) é

> uma delimitação que pode ser desenhada por uma idéia essencial para a teoria econômica, qual seja:o consumo não é forçado, o consumidor tem livre escolha. Ele pode ser irracional, supersticioso, tradicionalista ou experimental: a essência do conceito econômico do consumidor individual é que ele exerce uma escolha soberana.[30]

Tudo isso se confronta, nos dias atuais, com um sentido mais denso, fruto das recombinações e do conseqüente afastamento dos indivíduos dos seus agrupamentos de escolha – aqueles identificados com os núcleos sociais de origem. Como se, a cada instante, uma nova ordem de critérios, voláteis e mutáveis, fosse se estabelecendo não apenas nas intermediações do tempo e do espaço, fruto das constantes mudanças e deslocamentos, mas também em função da polivalência e da proliferação das palavras e das imagens.

Esse sentido, embora seja conseqüência das mudanças introduzidas pela sociedade de mercado e das diferentes rupturas (em relação às comunidades restritas) advindas do processo de globalização, volta-se, cada vez mais, para a construção de uma identidade autocentrada que, não estando imbuída de um princípio de unidade, oscila entre a preocupação que cada indivíduo tem consigo mesmo e sua identificação com uma plêiade de sensações que, transformadas em fundamento das escolhas, pode lhe oferecer minimamente alguma condição para se posicionar diante de manipulações ideológicas.

Touraine (1994, p. 191) entende a sociedade, com relação ao mercado, composta por três grupos:

> os pilotos, grupo pouco numeroso, não daqueles que comandam, mas que respondem às incitações do mercado e do meio ambiente em geral; os passageiros, que são os consumidores e ao mesmo tempo membros da tripulação, e os náufragos que foram arrebatados pela tempestade ou atirados ao mar como inúteis ou sobrecargas.

Uma concepção que distingue e separa os níveis e as responsabilidades na participação dos eventos, revelando, na modernidade tardia, uma estreita mar-

---

[30] *"One boundary may be drawn by an idea essential to economic theory: that is, that consumption is not compelled; the consumer's is his free choice. He can be irrational, superstitious, traditionalist or experimental: the essence of the economist's concept of the individual consumer is that he exerts a sovereign choice."*

gem de resistência e de enfrentamento sociopolítico; no caso de Touraine (1994, p. 204), identificada na forma de guerras culturais:

> Os conflitos sociais dos séculos passados – que eram sempre limitados, pois suas classes sociais aceitavam os mesmos valores e lutavam por sua execução social – foram substituídos por guerras culturais. Guerras tão mais violentas, que a este caleidoscópio de culturas se opõe a força fria, impessoal, dos aparelhos de dominação, parecidos com as naves espaciais dos filmes e dos jogos de vídeo para adolescentes, dirigidos por sistemas de cálculo e um implacável desejo de poder. Os atores estão enclausurados em sua cultura diante das forças de produção civis e militares encouraçadas no seu poder: entre eles a guerra é ameaçadora.

Todavia, as práticas de oposição, porque são meramente referenciais, traduzem conteúdos políticos também referenciais caracterizando, conseqüentemente, uma postura política igualmente de referência. Ou seja: apesar da aparente redundância dessa afirmação, é inegável a constatação sobre uma mudança significativa na forma atual de adesão aos movimentos sociais, em razão do declínio da ideologia, nos termos definidos por Marx e Engels, e sua ascensão baseada na nova economia e no nacionalismo, simplesmente porque, como diz Bell (1988, p. 403), "é difícil polemizar contra um apelo de rápido crescimento econômico e modernização, e poucos podem debater o objeto final como poucos podem argumentar contra o apelo por igualdade e liberdade".[31]

Nesse sentido, cada reação social diante dos acontecimentos o é em referência a um específico e determinado evento, sem o poder de acarretar nenhum excitamento político para além das possibilidades engendradas por aquela situação específica. Assim, por exemplo, as manifestações contra o processo de globalização, que 'pipocam' em países do Ocidente e do Oriente, têm o mesmo efeito de uma máquina de fazer pipocas, isto é, provocam uma instabilidade momentânea, porém, logo absorvida pela (in)capacidade de articular um sentido de força e mobilização, o que enseja o fortalecimento de outros elementos organizadores das práticas sociais, como, por exemplo, a mídia, que transforma os acontecimentos - no dizer de Michel de Certeau, nas "nossas legendas"[32].

---

[31] *"It is hard to quarrel with an appeal for rapid economic growth and modernization, and few can dispute the goal, as few could ever dispute an appeal for equality and freedom."*

[32] 'Legenda': aquilo que se deve ler e dizer. Op.cit., p. 287.

Para dar conta das razões que alijam os 'abandonados à própria sorte' das possibilidades de escolha, não é suficiente reconhecer as análises sobre a redução da sociedade à sua instrumentalidade, à dinâmica do sistema de geração dos bens, produtos e serviços, e à substituição de um modelo funcional pela compreensão sempre emergente das mudanças, justificando, assim, o universo das desigualdades sociais e a impossibilidade de boa parcela de indivíduos ter cada vez menos chances de definir o rumo de sua própria existência. É preciso ir além e perscrutar a inesgotável capacidade humana na revelação dos desejos que, fora do controle social, identificam-se com algumas necessidades de consumo. Da mesma maneira, os vários quadros de explicação para a expansão da classe média e seu incitamento para lançar-se ao consumo irrefletido e desmesurado também não dizem suficientemente sobre o conjunto de imagens e signos criados para expressar as sensações estimuladas pelas redes de comunicação de linguagem. É preciso depurar as narrativas que se justapõem aos hábitos e estilos de vida, mesmo porque a própria configuração sociológica de 'classe' perdeu sua nitidez.[33]

Os indivíduos, na condição de 'lançados à própria sorte', quer nas grandes metrópoles, quer nas cidades-satélites, periféricas e suburbanas, defrontam-se com as possibilidades decorrentes do risco e da oportunidade, embaralhando as formas, combinando e recombinando as coisas, não para que tenham sentido, mas para que possam compor um sistema mínimo de referências que lhes permita incluir o outro no processo de identificação social, seja esse 'outro' quem for - o governo, as instituições, os companheiros do trabalho, o vizinho. Ao mesmo tempo, rejeitar o estranho, quando esse for fonte de inquietação e angústia, em uma resistência travestida, porque acontece de modo pendular, isto é, oscilante entre escolhas de recusa e aceitação, independentemente de valores, ou, melhor dizendo, submetido aos valores sucedâneos por mera decorrência dos acontecimentos, ao acaso.

Senão vejamos: o processo de escolha, mesmo que conformado ao *habitus* de classe, no sentido de Bourdieu, exige, conforme M. Featherstone e M. Douglas & Isherwood, uma competência para julgar bens e serviços de informação, o que se traduz numa racionalidade muito próxima à da racionalidade econômi-

---

[33] De acordo com Balandier (1997, p. 162): "classe, classe de idade e classe de gênero (ou de sexo) interferem, e esta interferência embaralha as diferenças. Sobretudo, as reviravoltas nos sistemas de produção e de serviços, a supressão em larga escala dos signos diferenciadores das condições em razão do consumo, da mídia e das novas formas de vida, o enfraquecimento da consciência de classe tiveram como conseqüência a perda da coerência das classes sociais, senão o desaparecimento das desigualdades".

ca. Ora, se essa racionalidade é permeada pela volatilidade dos eventos, pela mobilidade geográfica, pelas respostas flexíveis nos mercados de trabalho e de consumo, ao mesmo tempo em que é sustentada por pesadas doses de inovações tecnológicas e transformações institucionais, e se o acesso às escolhas, bem como seu julgamento, ocorrerá conforme o escopo do capital cultural e simbólico, e segundo a qualidade e o tempo investido na experiência das práticas sociais, o indivíduo transitará pelas opções não como excludentes, mas como possibilidades abertas a qualquer modo ou modelo de incorporação.

As dificuldades conseqüentes das pequenas e diárias inclusões e exclusões, porque articulam pequenos movimentos de adesão e de recusa, representam, em parte, modos de participação que, se não expressam continuidade, como uma espécie de medida comum a todas as ações, contêm resíduos de decisões que, dado seu caráter errático, adquirem um sentido de simulação, porque as escolhas entre alternativas possíveis serão, na maior parte das vezes, um jogo de alternâncias e variáveis nem sempre controláveis, nem sempre visíveis, porém, sempre decisivas na seqüência dos eventos futuros, quase como trajetórias desgovernadas, que retroagem umas sobre as outras, retroalimentando a vida e as ações. Por exemplo, os 'moradores de rua' nas grandes metrópoles, ou os 'deserdados' de várias regiões do globo, retratados por Sebastião Salgado em seu livro *Êxodo*, vivem cotidianamente a aceitação do risco como risco, sem perspectiva de um curso predestinado para sua sobrevivência, suscetíveis aos acontecimentos contingentes, *a-históricos* na sua existência particular, contudo, de outra parte, históricos na fotografia do artista, ou na teoria do intelectual. Sem perspectivas, vivem na emergência das decisões de outros (grupos, instituições, setores da sociedade etc.). Sua identidade é assegurada pelo reconhecimento dos demais agentes. Sua consciência, em si e para si, no sentido marxista do termo, acontece nessa medida, ou seja, na proporção em que outros agentes conseguem captar algum sentido nesse modo de existir e os traduz, por intermédio de alguma narrativa, para os demais. Não se trata de identidades pessoais, é uma outra classe de identidade abrangente, despossuída das referências tradicionais, por isso impessoal e circunstancial.

As muitas representações que se sobrepõem ao agir dos indivíduos na vida cotidiana e que sobrevivem à custa de condutas esperadas pelos tantos outros,[34] carregadas da miragem das relações sociais que lhes chegam por diversas práti-

---

[34] É dessa forma que Erwin Goofman introduz o tema das 'representações' no seu livro Representação do eu na vida cotidiana.

cas culturais, são como enunciados, citações para fazer crer, como diria Michel de Certeau.[35] As ações precisam ser calculadas para diminuir as possibilidades dos riscos, o que torna as condutas cada vez mais passíveis de previsibilidade, impelindo os indivíduos ao *cocooning*, ao enclausuramento no casulo protetor, no sentido de que suas escolhas se reduzem ao mundinho particular a ser preservado. Um modo atualizado de individualismo, muito próximo do sentido analisado por Lasch, porém, sem a denotada deterioração da individualidade, porque ela se recria nesse processo:

> Em uma época carregada de problemas, a vida cotidiana passa a ser um exercício de sobrevivência. Vive-se um dia de cada vez. Raramente se olha para trás, por medo de sucumbir a uma debilitante nostalgia; e quando se olha para frente, é para ver como se garantir contra os desastres que todos aguardam. Em tais condições, a individualidade transforma-se numa espécie de bem de luxo, fora de lugar em uma era de iminente austeridade. A individualidade supõe uma história pessoal, amigos, família, um sentido de situação. Sob assédio, o eu se contrai num núcleo defensivo, em guarda diante da adversidade. O equilíbrio emocional exige um eu mínimo, não o eu soberano do passado (LASCH, 1986, p. 9).

Assim, apesar dos vários desmantelamentos descritos pelos analistas e pelos críticos da cultura, a ação torna-se cada vez mais estratégica; as escolhas diárias precisam acontecer na hora certa, no momento certo e no tempo certo. Muitas vezes, esse processo não pode ser vivido sozinho, são precisos grupos de aconselhamento, terapeutas, consultores e *coachs*, ou, então, grupos de apoio, associações para os mais diferentes enfrentamentos, desde 'vigilantes do peso', 'do fumo', 'dos dependentes de drogas' até as variadas formas de organizações não-governamentais. Desse modo, os tradicionais agrupamentos, como os de origem religiosa ou política, adquirem outras e novas funções.

A ausência de uma identidade contínua, decorrência do desapego a cada uma das representações que o cotidiano empresta às múltiplas feições do indivíduo, no exercício dos seus diferentes papéis, apresenta suas limitações e imperfeições, que só não se transformam em fonte de desorientação porque a necessidade de reconhecimento do outro, do estranho, no campo das relações

---

[35] "Citar é dar realidade ao simulacro produzido por um poder, induzindo a crer que outros acreditem nele, mas sem fornecer nenhum objeto crível. Mas é também apontar os anarquistas ou desviantes (citá-los diante da opinião) é apontar à agressividade pública aqueles que, afirmando por seus gestos não acreditar nisso, demolem a realidade fictícia que cada um não pode manter assim mesmo a não ser a título da convicção alheia" (op. cit., p. 290).

interpessoais, abre espaço para um compromisso consigo mesmo e para aquilo que Anthony Giddens chama de *self-identity,* um modo de o indivíduo buscar, pela reflexividade (*reflexivity*), um comportamento a partir da consciência de si mesmo.[36]

No entanto, para Giddens, essa identidade de si mesmo, ou em si mesma, é uma realidade psicológica, enquanto, na nossa análise, é parte do esforço empreendido pelo indivíduo na resolução, com mais clareza e precisão, dos problemas cotidianos. Como a vida torna-se a cada dia um empreendimento perigoso e arriscado, algumas chaves vão se apresentando para o deslindamento das situações; boa parte dessas 'chaves' estão profundamente relacionadas com fronteiras morais fragilmente sustentadas por alguns dos mecanismos sociais.

O principal substrato desse processo está relacionado, sem dúvida, com as questões relativas à configuração das relações de poder e suas implicações no estabelecimento do *status,* assim como no acesso e domínio do capital cultural. Apesar de não ser esse o foco da análise aqui apresentada, é importante considerar que as crenças que fundamentam algumas das definições e escolhas, mesmo que direcionadas por estratégias de monopolização, identificação, discriminação dos grupos dominantes, para sustentação das diferenças, interferem de modo relativo na construção da preferência mencionada anteriormente. No entanto, essa relatividade é subsumida pela estrutura social, na forma de 'pequenas transgressões', (em cuja base, invariavelmente, há sempre um argumento de ordem moral), que passam a integrar a cultura pelo viés dos especialistas e intelectuais. (Fato nada desprezível, se considerarmos a necessidade de compor o quadro de referências locais e globais, bem como a formulação dos critérios que orientam as escolhas dos indivíduos.)

Essas formulações, do ponto de vista da sociedade como um todo, incitam e direcionam as análises da chamada 'sociedade do conhecimento', ao mesmo tempo em que 'criterizam' os comportamentos e as atitudes no interior dos diferentes segmentos e instâncias. Desse modo, podemos ter, por exemplo, de um lado, as discussões em torno do que se convencionou chamar 'cultura organizacional', e, de outro, os estudos e pesquisas sobre 'nichos' de mercado, aqui identificados com consumidores específicos para bens e produtos específicos.

Da mesma maneira que o indivíduo deve empreender um razoável esforço na resolução das questões cotidianas, como parte da necessidade de encontrar

---

[36] Nas obras: *As conseqüências da modernidade* e *Modernidade e identidade pessoal.*

minimamente uma identidade estável, o que direciona estrategicamente suas opções, também o conhecimento deve ser capaz de produzir os métodos que organizarão as metodologias no sentido de orientar as ações corporativas.

Nesse contexto, qualquer estratagema para manter, ou mesmo melhorar, a condição de vida torna-se válido, desde a habilidade de burlar os controles institucionais, para fazer prevalecer interesses pessoais, em detrimento daquilo que é publicamente sancionado como princípio (moral) comum, até o descalabro do desrespeito à legalidade (jurídica) dos atos, favorecido pela própria dinâmica dos esquemas burocráticos do sistema, em franca contradição com o desenvolvimento de formas altamente reflexivas de controle e melhoria da eficácia interna aos próprios sistemas.

Todavia, a experiência radical dessa inserção - estratagemas + construção da preferência - representa o pano de fundo para o monitoramento das circunstâncias em que se processam as várias atividades do indivíduo e, como diz Giddens (1994), "essa monitoragem tem sempre características discursivas".[37] Portanto, funciona como se o indivíduo não tivesse outra alternativa para o seu processo de sobrevivência senão encarar-se a si mesmo cotidianamente, para dar conta, de um lado, do enfrentamento das contingências ensejadas pelas circunstâncias, e, de outro, de uma visibilidade menos opaca na qualidade de suas opções – quando as tem. Nessa condição, a postura do indivíduo caçador, predador, das formas pré-modernas se transforma naquela de um amestrador. Suas habilidades e capacidades são medidas e avaliadas pelas diferentes estratégias com que consegue responder às exigências de integração da modernidade tardia, seja o trabalho, a expressão cultural,[38] ou, mesmo, o consumo.

Desse modo, as várias sensibilidades contidas nas experiências locais e globais, assim como as várias percepções distendidas para os vários ambientes próximos e distantes, articulam-se em antecipações das ações, de acordo com Adriana Calcanhoto, em *Esquadros*, "como uma segunda pele, um calo, uma casca, uma cápsula protetora", como um movimento constante de "querer chegar antes, para sinalizar o estar de cada coisa". Trata-se de uma reorientação sutil, que pode sucumbir absolutamente ao poder de sedução dos bens, produtos e servi-

---

[37] Refiro-me aqui às feiras de artesanato, às exposições itinerantes e às apresentações esporádicas de grupos minoritários.

[38] Refiro-me aqui às feiras de artesanato, às exposições itinerantes e às apresentações esporádicas de grupos minoritários.

ços, mas que, ao ir-se abrindo a um movimento de contínuas e incertas transformações, como é próprio da modernidade tardia, também pode se engajar à história imediata do cotidiano, decantando as regras da desordem e abrindo espaço para a subjetividade.

A desordem, entretanto, não se contrapõe, aqui, a nenhum sentido de ordem preestabelecida, da mesma forma que a decantação mencionada, porque não visa à regulamentação e hierarquização de padrões de conduta, está voltada exclusivamente para a identificação de alguns dos movimentos que impelem o indivíduo à necessidade de constantes reajustamentos,[39] procurando reconhecer, de modo explícito, a influência das tensões provocadas pela quantidade incontrolável e contínua dos inesperados e raros eventos que incidem sobre a vida das pessoas, ao mesmo tempo em que a desordem é considerada parte integrante do processo da vida, em que um dos aspectos é a liberdade.

2.2 IDENTIDADE DECANTADA[40]

Pela janela do quarto
Pela janela do carro
Pela tela, pela janela
(quem é ela, quem é ela?)
Eu vejo tudo enquadrado
Remoto controle...
Eu ando pelo mundo
e os automóveis correm para quê?
As crianças correm para onde?
Transito entre dois lados de um lado
Eu gosto de opostos
Exponho o meu modo, me mostro
Eu canto para quem...[41]

---

[39] Segundo Georges Balandier (p. 168), para se captar o sentido da modernidade, é fundamental aderir à idéia de movimento mais a incerteza: "É o movimento pelo movimento que tende a se tornar a referência única, a regra das condutas."

[40] Conforme o dicionário Aurélio, a palavra 'decantar' vem do latim decanthare e pode ter os seguintes significados: limpar, livrar, purificar, transvazar-se, desaguar e celebrar, exaltar, engrandecer.

[41] Segunda parte da letra da música *Esquadros*, de Adriana Calcanhoto.

Dois movimentos parecem implicar mais diretamente sobre as práticas cotidianas e o processo de identificação social.

O primeiro, já mencionado anteriormente, tem a ver com o fato de a vida social moderna introduzir diariamente novas formas de perigo para além daquilo que a capacidade humana está preparada para encarar, o que força os indivíduos a uma atitude calculadora, cuja forte pressão sobre o sentido estratégico das ações coloca a questão da negociação como um movimento fundamental, o que, de certa maneira, retoma uma discussão de Canclini. Diz ele: "Em vários trabalhos recentes que buscam redefinir o que é identidade, o que é classe, e o que é popular, a análise dos processos de negociação constitui um recurso-chave".[42]

Todavia, Canclini analisa os aspectos da negociação em sua relação com a identidade cultural, fazendo alusão às dimensões políticas, enquanto, para nós, o exercício cotidiano da negociação está relacionado com as habilidades desenvolvidas pelos indivíduos, para fazer frente às sensações fugidias da transitoriedade dos eventos e da fragmentação do conhecimento no seu processo de vida nas grandes metrópoles.

O segundo movimento diz respeito a fazer e ser o que as demais pessoas esperam que cada um seja, porém, não apenas no cumprimento dos papéis e no exercício de determinadas funções, mas, principalmente, na correspondência ou na equivalência das 'legendas'. Um movimento em referência a uma idéia de Michel de Certeau, também já indicada nos trechos acima.

Os dois movimentos - a 'negociação' e a 'legenda' - articulam-se de diferentes modos, gerando sinopses e elos de significação que permitem ao indivíduo transitar pelos seus vários papéis, responder às suas várias necessidades (e aqui não importa se de modo satisfatório ou não) e continuar o jogo das combinações e recombinações que lhe asseguram algum lugar no social. São modos de decantação que se oferecem aos indivíduos como exaltação e, ao mesmo tempo, como um transvazar de experiências, traumas, angústias, conquistas, erros e acertos, que, costurados no emaranhado de ações, interações e retroações, vão compondo as referências de sua identidade cultural e social.

---

[42] Op. cit., p. 223.

'Negociação' e 'legenda' se aliam estrategicamente por intermédio de metáforas[43]. As metáforas, por sua vez, pela variedade de elementos presentes nas manifestações artísticas, compõem narrativas cotidianas, por meio das quais é possível compreender os intercâmbios entre as trajetórias pessoais e as trajetórias sociais. Trata-se, portanto, de delinear as relações entre as narrativas e o processo de identificação individual. No entanto, como não é possível usar indiscriminadamente as diferentes formas de expressão da arte e o que se pretende é caracterizar a relação entre imagens alegóricas, principalmente aquelas referidas aos bens de consumo, em que a tensão 'indivíduo e subjetividade', relacionadas a música, a literatura, ao cinema e, eventualmente, as artes plásticas são apenas referências a título de pretexto ou ilustração.

2.2.1 A negociação

O sentido sempre mutante dos acontecimentos e sua complexidade, mais do que nunca, tornam necessária a organização e a programação das ações. Disso, decorrem as formas de negociação.

A imprevisibilidade, ao ir adquirindo o sabor pesado do tempo estruturado, seccionado, distribuído em blocos seqüenciais rígidos dos compromissos, ritmados pelos 'intervalos' dos *coffee-breakes*, dos 15 minutos nos 'fumódromos' e das *happy hours*, empurra para barganhas diárias o sentido do tempo, campo da liberdade, que permite aos homens desenvolver suas mútuas relações, enfim, estarem juntos.

Atravessados pelas alternâncias do fuso horário, quer por causa dos constantes deslocamentos, quer por alterações de razão econômica, como, por exemplo, os horários de verão, muitos sentidos distintos de tempo se entrecruzam, afetando, entre outros aspectos, a qualidade do descanso e da convivência soci-

---

[43] [...] *"true rigour does not lie in na analysis which tries to push the system beyond its limits, by abusing the powers of the discourse which gives voice to the silences of practice by exploiting the magic of writing which tears practice and discourse out of the flow of time. It is only when practical metaphor scheme-transfer effected on the hither side of discourse, bemoes metaphor, or analogy that is possibile, for example, like Plato wheter 'it was the earth that imitated woman becoming pregnant and bringing a being into the world, or woman that imitated the earth"* (Menexenus, 238a) – "[...] demonstrando que o verdadeiro rigor não reside numa análise que tenta empurrar o sistema para além dos seus limites, abusando do poder do discurso que dá voz para aos silêncios da prática e explorando a mágica da escrita que retira a prática e o discurso do fluxo do tempo. É somente quando práticas-metafóricas, (como um) esquema de transmissão afeta o lado mais açodado do discurso, que (essas práticas-metafóricas) tornam possíveis a metáfora ou a analogia, por exemplo, para imaginar como Platão se 'foi a terra que imitou a mulher ficando grávida e trazendo ao mundo um ser humano, ou a mulher que imitou a terra'.(BOURDIEU,1997, p. 155-156).

al. Lazer e entretenimento adquirem outras e renovadas dimensões, assim como 'qualidade de vida' assume outras derivativas concepções.

Uma das principais razões na decorrência dessas tendências, segundo uma concepção materialista, tem a ver com o fato de as concepções de tempo e também de espaço serem criadas necessariamente por meio de práticas e processos materiais que servem à reprodução social, o que determina que as alterações processadas na dinâmica da produção material da existência venham, infalivelmente, acarretar transformações na forma de se organizar o tempo.

O processo altamente revolucionário da produção capitalista e o conjunto das relações que se estabelecem por esse sistema impõem uma dinâmica de permanente mudança que traz implicações para o processo de tomada de decisão, enquanto a intensidade das interpenetrações entre as diferentes representações do tempo e espaço, ao afetar o modo como o indivíduo age em relação ao mundo, circunscreve a consistência das opções e das escolhas.

Assim, processa-se uma silenciosa revolução na maneira de as pessoas fazerem suas escolhas. Uma revolução, nos termos descritos a seguir.

As práticas espaciais que, de algum modo, estão relacionadas às rotinas cotidianas de movimento (de casa para o trabalho, as lojas, a escola, o clube, a Igreja, e de volta para casa) e, portanto, são dimensionadas no tempo, no sentido de que cada ato deve ser praticado no seu devido tempo e lugar, são pensadas invariavelmente como ajustamentos a certas regulamentações e vice-versa. Tanto na forma das "totalizações", descritas por De Certeau (1994), quanto nas "ordenações simbólicas", de Bourdieu (1977), há uma correspondência dialética entre a organização estruturada do tempo e do espaço e as representações simbólicas que justificariam os esquemas razoavelmente duradouros do vivido, do percebido, e do imaginado, no dizer de Lefebvre (1974). São essas representações que fornecem uma referência para a experiência de vida cotidiana e mediante a qual conhecemos quem e o que somos na sociedade.

Porém, a essas mesmas 'ordenações simbólicas' se justapõem outros elementos, cujo entroncamento suscita a emergência de experiências e práticas que escapam aos condicionantes que asseguram alguma previsibilidade para os atos e eventos, nos moldes das "trajetórias indeterminadas", como frases imprevisíveis "num lugar ordenado pelas técnicas organizadoras de sistemas", a que se refere De Certeau (1994, p. 97).

Alguns desses elementos podem ser identificados na grade de práticas espaciais proposta por Harvey (1992, p. 202). Ele relaciona quatro aspectos interdependentes da prática espacial que guardam modos específicos de relacionamento temporal: acessibilidade e distanciamento (por exemplo, fluxo de dinheiro, pessoas, informação); apropriação do espaço (por exemplo, usos da terra e ambientes construídos); domínio do espaço (por exemplo, propriedade privada da terra, comunidades, bairros); e produção do espaço (por exemplo, produção de infra-estruturas físicas). A despeito da considerável importância que cada um desses aspectos tem no exame de suas implicações sobre as práticas sociais, as considerações aqui se concentrarão no efeito que as combinações potenciais (trajetórias indeterminadas) dos vários componentes de cada um desses aspectos podem deflagrar no processo de tomada de decisão (principalmente na definição das escolhas) dos indivíduos.

Desse ponto de vista, a relação fundamental se dá entre as trilhas simbólicas das narrativas cotidianas e os núcleos das disposições espacio-temporais que articulam algum sentido para as decisões e ações. E, aqui, voltamos ao sentido estratégico da ação. Para tanto, tomo como referência a distinção de De Certeau (1994, p. 99). Diz ele:

> Chamo de estratégia o cálculo (ou a manipulação) das relações de força que se torna possível a partir do momento em que um sujeito de querer e poder (uma empresa, um exército, uma cidade, uma instituição científica) pode ser isolado. A estratégia postula um lugar suscetível de ser circunscrito como algo próprio e ser a base de onde se podem gerir as relações com uma exterioridade de alvos ou ameaças (os clientes ou os concorrentes, os inimigos, o campo em torno da cidade, os objetivos e objetos da pesquisa etc.).

A dominação do espaço e suas diferentes relações com os sentidos temporais demandam um esforço em cuja base está a capacidade humana de lidar com as relações de força e, em função disso, sobrepor um querer e um poder próprios. Nem todos são sujeitos de querer e poder. Quando relacionada ao indivíduo, essa propriedade tem muito mais a ver com uma sensação de liberdade experimentada em um momento de percepção da autonomia do que propriamente no domínio de um lugar próprio. E o esforço empreendido, por sua vez, tem a ver com a negociação.

As trajetórias individuais, representadas pelas trilhas simbólicas das narrativas cotidianas, como não dizem respeito a um plano definido, como se fossem uma unidade articulada na sucessão de momentos percorridos - portanto, como não se reduzem ao mapa representativo de linhas sincrônica e diacronicamente pontilhadas no espaço, e também como não podem ser explicadas apenas pelos movimentos de inclusão e exclusão decorrentes das opções de escolha e participação social -, exigem um viés que relacione as possíveis estratégias a modos específicos de agir, que De Certeau (1994, p. 100) define como táticas: "[...] chamo de tática a ação calculada que é determinada pela ausência de um próprio. Então nenhuma delimitação de fora lhe fornece a condição de autonomia. A tática não tem por lugar senão o do outro." Saliente-se, porém, que, para De Certeau, a tática é uma reação às situações, em que as empresas, um exército, uma cidade ou uma instituição científica devem agir segundo condições impostas, tal como as organizam a lei de uma força não conhecida. Para De Certeau, a tática se contrapõe à estratégia porque, enquanto esta é "organizada pelo postulado do poder", aquela se reveste das categorias da fraqueza[44] e disso decorre a essência da natureza da tática: a astúcia. Na análise de De Certeau, estratégias e táticas definem-se por oposição entre potência e ausência e se apresentam como maneiras distintas de agir.

Porém, nessas trajetórias individuais, a tática, justamente porque apresenta as características apontadas por De Certeau (1994) - porque "não tem possibilidade de dar a si mesma um projeto global, nem de totalizar o adversário num espaço distinto, visível e objetivável" (qualidade da ação estratégica), porque opera "golpe por golpe, lance por lance", aproveitando as oportunidades, "sem base para estocar benefícios, aumentar a propriedade e prever saídas" e, principalmente, porque tem mobilidade "para captar no vôo as possibilidades oferecidas por um instante" e, assim, estar onde ninguém espera -, torna-se o meio para que alguma estratégia possa ser formulada.

De Certeau diz que o "próprio é uma vitória do lugar sobre o tempo", mas o que o indivíduo experimenta por meio de suas decisões, na arte da vida cotidiana, assemelha-se às resoluções, por exemplo, da personagem do filme *Bagdad café* (interpretada por Marianne Sägebrecht)[45] , que apenas com a bagagem de mão chega a um decadente bar administrado por uma negra, no meio de uma estrada no deserto, isto é, sem "lugar próprio", com uma visão restrita do mundo e das coisas à sua volta, submetendo-se aos acasos do tempo, quando suas ações, estimuladas por uma ausência de poder, são negociadas sob as condições de tempo e espaço do outro. É o que acontece, por exemplo, quando essa perso-

---

[44] "Em suma, a tática é a arte do fraco" (DE CERTEAU, 1994, p. 100).

[45] Filme de Percy Adlon de 1988. Durante viagem aos Estados Unidos, uma turista alemã (Marianne) discute com o marido e resolve abandoná-lo, em pleno deserto de Nevada.

nagem concorda em posar para o pintor que vive no lugar e que, a cada dia, num jogo de sedução ambivalente, vai cedendo às artimanhas do pintor para, ao final, dominá-lo completamente.

A tensão que integra estratégias e táticas, tornando própria a relação espaço (estratégia-poder) e tempo (tática-astúcia), reside na articulação das opções como possibilidades e não como coerções. Ou seja: a essência da estratégia está muito mais nos eventuais desvios provocados pela tática do que nos movimentos e planos programados para a conquista de um 'lugar próprio'. Nesse sentido, a negociação é a expressão das habilidades táticas, em cujo cerne está o domínio do tempo quanto à sintaxe das relações cotidianas e seus respectivos lugares. A indisciplinada e complexa forma de as grandes metrópoles se organizarem em torno de princípios que minimamente regulem a manutenção da ordem social demanda renovadas e inovadoras habilidades táticas de negociação. Nas grandes metrópoles, permeadas pela maleabilidade das aparências, a superficial sensação de liberdade para agir como se bem entende e se tornar o que se quiser reforça, sem dúvida, a idéia de inserções sociais que aderem à plasticidade da vida, limitando o conteúdo da negociação muito mais pelo caráter meramente conotativo das ações do que por causa de coerções ideológicas. Essa liberdade, porque se revela uma qualidade negativa da identidade humana, é especialmente vulnerável a qualquer forma de violência ou totalitarismo. Nesses casos, a negociação é, como se diz, de 'baixo nível'.

Esta análise poderia ser estendida, para tipificar os posicionamentos autoreferenciais da identidade segundo os princípios racionais dessa lógica mesquinha. Meu interesse, contudo, não é classificar a negociação auto-referente, mas mapear o processo de tomada de decisão e a definição das escolhas.

Dois aspectos merecem destaque nesta discussão: o primeiro diz respeito ao âmbito de um conjunto de regras determinado, que gera boa parte da energia social necessária ao estabelecimento do processo de mudança e que tem a ver com lutas de poder; o segundo relaciona-se aos elementos que provocam mudanças nas qualidades objetivas do tempo e do espaço, que podem ser decorrentes de demandas sociais, como, por exemplo, a jornada de trabalho, mas que também (ultimamente, com mais freqüência) podem advir da introdução, nas práticas sociais, de novas tecnologias, como, por exemplo, as redes de informatização.

A estratégia pode capitalizar vantagens conquistadas de tal maneira que permita a configuração de novos espaços de poder social (de grupos, classes, setores etc.) e novas formas de dominação sobre o tempo produtivo, tanto projetivo quanto retroativo (planejamentos, pesquisas científicas, de mercado etc.). Entretanto, as habilidades táticas, porque conferem uma certa pertinência ao tempo, por meio das inventividades que engendram para fazer frente ao inusitado das transformações tecnológicas, acabam por introduzir, na negociação, a condição de que ela precisa para gerar alguma forma de poder.

A negociação, não é nem uma estratégia política para a aceitação ou a solução dos problemas cotidianos dentro dos limites estabelecidos pelas classes dominantes, nem uma tática para fazer preservar recursos ou esquemas tradicionais de sobrevivência e assim afirmar alguma identidade cultural. É o conjunto de habilidades que se apóia no domínio tático do tempo e do espaço, para que o indivíduo possa aprender a lidar com os estímulos, desafios, tensões e perturbações provocados pela diversidade de práticas sociais, culturais e políticas que atravessam seu dia-a-dia. A negociação é a condição *sine qua non* para qualquer cidadão, de qualquer gênero ou classe, ter acesso à sua subjetividade (idéia que será mais bem explicada adiante), em que o horizonte temporal é mais determinante que as referências espaciais.

A urgência do tempo, na contemporaneidade, não poupa aqueles que não sabem tomar decisões, a arte por excelência da negociação. Todavia, a negociação, porque tem por base a formulação de relacionamentos, leva tempo, e sua eficiência só se sucede onde já houver uma relação de confiabilidade. A confiabilidade envolve, necessariamente, a natureza do que Giddens (1991, p. 35) chama de "sistemas peritos", que dizem respeito a "sistemas de excelência técnica ou competência profissional que organizam grandes áreas dos ambientes material e social em que vivemos hoje".

Logo, a dinâmica do processo de mudança implicada em práticas temporais e espaciais que intervêm decisivamente na definição das escolhas, nos tempos atuais, é resultado da expansão da influência desses sistemas peritos na organização da vida cotidiana e são as constantes reestruturações e articulações deles decorrentes que definem as relações de poder e as demandas sociais.

Como a base da confiabilidade é a 'fé', o fundamento dos sistemas peritos é a autenticidade do conhecimento que esses sistemas delimitam e que, uma vez incorporados ao conjunto de práticas sociais, escapam ao controle do indivíduo, haja vista que este tem um conhecimento mínimo sobre cada um dos circuitos em que esses sistemas operam, como, por exemplo, a organização dos controles de trânsito de sua cidade e os mecanismos de funcionamento do automóvel que dirige.

Em geral, espera-se que esses sistemas operem conforme aquilo para que foram criados, e a sociedade desenvolveu forças reguladoras que avaliam e procuram garantir a adequação e eficácia do seu funcionamento. Acontece que, como diz Balandier (1997, p. 93) "a desordem trabalha escondida". E se os desencaixes, de que fala Giddens (1991), são 'deslocamentos' de relações sociais que influenciam continuamente a vida do indivíduo, a desordem corresponde aos fatos, eventos e situações que provocam esses deslocamentos, assim como a confiabilidade se torna o fundamento para as novas articulações ensejadas pela desordem.

Se pensarmos, por exemplo, em uma negociação, no seu sentido mais comum, como um entendimento mútuo no estabelecimento de condições, critérios e ajustes para possibilitar uma transação, a confiança se traduz na expectativa de que os indivíduos se comportarão desta ou daquela maneira; de outro lado, há sempre um certo risco presente quanto aos resultados da negociação para ambas as partes, e os esforços são feitos no sentido de minimizar seus efeitos sobre a situação dada e/ou pretendida. A confiança envolve, necessariamente, a consciência do risco, ao implicar a análise de alternativas na transação, o que não afasta a possibilidade de o imprevisível acontecer, quer durante o decurso da transação e mesmo depois de ter sido concretizada, modificando a qualidade da negociação, ao mesmo tempo em que altera o grau de confiabilidade, tanto em relação à ação quanto a seus resultados. Voltarei a esse ponto no último capítulo, para demonstrar que a linguagem da *media* opera no sentido de reduzir cada vez mais os níveis de incerteza e imprevisibilidade, atuando sobre o grau de confiabilidade dos produtos, bens e serviços (BALANDIER, 1997, p. 111).

A confiabilidade é, então, o elo entre a desordem e a negociação, no sentido anteriormente descrito. A possibilidade de se lidar com o risco potencializado da desordem surge da condição confiável da negociação, e é dessa condição que o indivíduo retira o conteúdo das habilidades táticas, da mesma maneira que são essas habilidades táticas que delimitam o poder de decisão dos indivíduos.

Processos de pensamento e ações continuamente visíveis e evidenciados constroem uma base de relacionamentos por si só confiáveis, mas também mais factíveis ao domínio e ao controle. Contudo, a confiança é mais exigida e necessária onde não há clareza de processos e procedimentos. São as habilidades táticas que conferem alguma confiabilidade à imprevisibilidade decorrente da desordem, o que as tornam dependentes da informação plena, que pode ser construída e buscada nos processos e procedimentos que fazem a ordem a partir da desordem. Esse é o papel das legendas.

2.2.2 As legendas

A palavra 'legenda' pode ser entendida num duplo sentido: coisas que devem ser lidas, como um texto explicativo que acompanha uma ilustração, uma gravura, uma reprodução artística, um mapa etc., e como derivada de 'lenda', relato de eventos que torna seus personagens centrais legendários.

Como foi dito anteriormente, a legenda reúne elementos de informação que servem às habilidades táticas porque domesticam a desordem, possibilitando-nos trabalhar, agir, com ela e não contra ela. Nesse sentido, não representa explicações por si mesma, mas indica aquilo que deve ser lido, entendido, e aquilo que deve ser representado, dito.

Balandier (1997), quando trata da desordem, tenta "traçar os caminhos de um conhecimento, onde a desordem não passa de uma cômoda perturbação". Apesar de ser uma referência recorrente no tratamento desse tema, interessa-nos a desordem como o conjunto de eventos, fatos e situações que provocam um desvio naquilo que seria a ordem das coisas, desde a ordem presumível e observável do *status quo* até a ordem visível e sob controle dos sistemas econômico, político, cultural e social da modernidade atual.

Como desvio, gera movimentos por bifurcação passíveis de explicação, retroativamente, e possíveis de identificação, por meio das legendas, apenas como indícios e sinais.

As legendas guardam uma certa relação com as "ordenações simbólicas" de Bourdieu (1977, p. 163); no entanto, transcendem seu âmbito porque não se trata apenas da estruturação da representação do mundo de um determinado grupo e da sua organização de acordo com essa representação, mas da tensão entre a fabricação dos simulacros (no sentido de Baudrillard)[46] e a produção de signos e símbolos que servem de referências culturais e que, em cada caso, ordenam as identidades.

---

[46] Um estado de réplica tão perfeita, que a diferença entre o original e a cópia é imperceptível.

Essa tensão reflete as características das estratégias temporárias, adaptáveis e complexas que as habilidades táticas engendram e que, se de um lado, consignam o vínculo mediador (do indivíduo em relação à sociedade) do *habitus* (BOURDIEU, 1977, p. 95)[47], de outro, constroem continuamente saberes e costumes que possibilitam ao indivíduo recolocar-se em novas relações socioculturais, políticas e de trabalho.

Nas legendas, estão definidos os ritmos da mudança em função dos quais qualquer indivíduo pode estabelecer um ritmo próprio. Por seu intermédio, desenha-se a estrutura mínima (economia de tempo e espaço) necessária para que o indivíduo esteja de olho no futuro com base no aproveitamento do passado em um contexto diferente.

Contaminados pela necessidade de dominar o tempo, os meios de comunicação de massa, cada vez mais, intensificam o controle sobre as informações, construindo seus simulacros de realidade e desenvolvendo a arte da previsão como um lance estratégico na articulação das variáveis ambientais. Quanto mais esse esforço vai encontrando respostas positivas e organizando as áreas dos ambientes material e social em sistemas de excelência técnica ou competência profissional - ou seja, quanto mais se expandem as dimensões de interferência dos sistemas peritos na vida cotidiana -, tanto mais se ampliam as possibilidades da desordem e seus efeitos, assim como tanto mais se definem as regras do jogo para que se possa jogar com ela.

Se, no imaginário e na linguagem, podemos encontrar as condutas geradoras das crises que a ordem social reprime ou refuga, nas legendas encontramos os excessos e os desregramentos que permitem incorporar em um outro patamar os avatares das ações repressivas, ou, mesmo, das coerções morais da sociedade.

A desordem atua sobre a supremacia da norma, da classificação, da hierarquia dos homens e das coisas, e 'bagunça' de tal forma as coisas, dado seu efeito anômico, que exaspera o indivíduo, forçando-o a decifrar os sinais dessa 'ba-

---

[47] "Como o *habitus* é uma capacidade infinita de engendrar produtos – pensamentos, percepções, expressões e ações – cujos limites são fixados pelas condições histórica e socialmente situadas de sua produção, a liberdade condicionante e condicional que ele garante está tão distante de uma criação da novidade imprevisível quanto o está de uma reprodução mecânica simples dos condicionamentos iniciais."

gunça'. Ao deparar-se com a "sociedade recitada" (DE CERTEAU, 1994, p. 288)[48], em vez de se desorientar (porque ter alguma orientação para poder 'reorientar-se' seria supor a definição de algum sentido conforme uma ordem preestabelecida, e esse sentido, na modernidade presente, esvaneceu-se na complexidade dos elementos e sistemas), responde a ela com seus desvios, com legendas que expressam aquilo que precisa ser traduzido na emergência das incapacidades articuladoras.

As legendas tornam-se, então, expressões das habilidades táticas que o indivíduo desenvolve na sua infindável negociação com as tensões cotidianas. Entretanto, a destreza ou a astúcia demonstrada nas ações perante o jogo desencadeado pela desordem é medida mais pela capacidade de sobrevivência e menos pelos resultados efetivos do ganho. Em outras palavras, no limiar das pressões que o dia-a-dia exerce sobre a capacidade de o indivíduo agir (escolher, tomar decisões), importa mais a sagacidade para driblar os efeitos do acaso e da imprevisibilidade, do que a capitalização das vantagens conquistadas. Aliás, a conquista de um lugar próprio reside no movimento de negociação, no corpo a corpo diário, comandado pelo tempo e por um poder que transcende as contingências e as circunstâncias, aninhando-se em uma ideologia do 'alto risco'.

Por mais que os riscos de alta conseqüência[49] estejam distantes das vidas individuais e possam parecer remotos, repercutem nos processos de vida local, porque decorrem de um conjunto complexo de mudanças com efeitos mistos e freqüentemente contraditórios, que fogem ao alcance da compreensão imediata mesmo diante da "acumulação de conhecimento reflexivamente ordenado" (GIDDENS, 1996, p. 94).

A engenhosidade dessa negociação está diretamente relacionada com a forma solidária com que o indivíduo estabelece os vínculos por meio das suas ações. Enquanto a teia das mudanças cresce, as relações tornam-se mais vulneráveis ao conflito destrutivo, quando, então, a solidariedade do indivíduo para consigo mesmo, na busca por uma identidade que necessita ser construída, des-

---

[48] "A nossa sociedade se tornou uma sociedade recitada, e isto num triplo sentido: é definida ao mesmo tempo por relatos (as fábulas de nossas publicidades e de nossas informações), por suas citações e por sua interminável recitação" (De Certeau, op.cit., p.288).

[49] Os riscos de "alta conseqüência" são aqueles relativos ao aquecimento global, desgaste da camada de ozônio, poluição ou desertificação em larga escala, fraturas na economia global, superpopulação do planeta, proliferação das doenças decorrentes do desenvolvimento tecnológico nas suas mais diferentes formas de poluição do ar, da água, dos alimentos etc.

coberta e sustentada ativamente, desponta no interior das práticas cotidianas negociadas, barganhadas, constituindo-se em uma resposta individual, como parte da decisão do indivíduo pela definição de quem ele é e como deve (a)parecer para o mundo exterior.

Uma dessas respostas individuais é o consumo dos produtos e mercadorias - não apenas como ato efêmero, despretensioso e trivial - que, prodigiosamente, ou, dependendo da região, escassamente, se distribuem, de acordo com Baudrillard, na "errância lúdica" de infinitas possibilidades combinatórias, mas principalmente aquele que

> [...] invade toda a vida, em que todas as atividades se encadeiam do mesmo modo combinatório, em que o canal das satisfações se encontra previamente traçado, hora a hora, em que o 'envolvimento' é total, inteiramente climatizado, organizado, culturalizado (BAUDRILLARD, 1997, p. 19).

No entanto, o consumo também é um "experimento mental" (*mental experiment*), direcionado principalmente pelo gosto (desejo) por novos bens e serviços (CAMPBELL, mimeo, p. 7), e essa experiência, ao ser captada por modos de interpretação e representação, torna-se um álibi, ou, como foi dito anteriormente, a expressão de uma habilidade tática do indivíduo para escapar ao enclausuramento e suportar de modo solitário, o vivido, o pensado e o imaginado.

A seguir, procuro caracterizar e, ao mesmo tempo, enfatizar o modo como esse "experimento mental" e suas relações com o consumo, por meio de alguns modelos e sistemas de interpretação, traduz, representa e informa sobre a confiabilidade e os esquemas de solidariedade do indivíduo com suas práticas cotidianas. Embora me detenha nessas caracterizações, o objetivo também será desenhar o território em que o indivíduo se move na construção das ações que lhe permitem o acesso à sua subjetividade.

68 CAPÍTULO 2

PARTE 2

A Paisagem na Neblina

CAPÍTULO 1

O consumo serve para pensar

*O eremita vira as costas para o mundo
e não faz trocas com ele.
Mas qualquer um faz mais do que isso;
qualquer um pode tentar recriar o mundo
para construir, no seu lugar, um outro mundo,
em que seus mais insuportáveis aspectos são eliminados
e substituídos por outros que estão
em conformidade com os desejos de qualquer um.*
S. Freud[50]

---

[50] *"The hermit turn his back on the world and will have no truck with it. But one can do more than that; one can try to re-create the world, to build up instead, another world in which its most unbearable features are eliminated and replaced by others that are in conformity with one's own wishes". (Civilization and it's discontents).*

O objetivo deste capítulo não é explicar por que o indivíduo consome ou por que consumidores compram bens, serviços e produtos. Apesar das necessárias referências à racionalidade econômica que enseja o ato de consumir, como o axioma principal desta análise é a idéia de que as imagens, os desejos e a dimensão estética da chamada cultura do consumo constituem uma chave importante para se compreender a subjetividade na modernidade presente, tratarei da lógica do consumo como um modo socialmente estruturado de o indivíduo estabelecer sua identidade e definir suas diferenças em relação aos demais.

Não é minha intenção tratar do consumo de uma forma generalizada, o que, em princípio, significaria tratar das macrorrelações entre a economia e a política e, em decorrência, dos aspectos ideológicos dessa relação, nem simultaneamente enveredar pelos estudos do mercado e dos diferentes empreendimentos publicitários que alinham os interesses e comportamento dos consumidores. Embora algumas referências a essas sistematizações e teorizações sejam necessárias, o ato de consumir será dimensionado por meio de seu sentido articulador, isto é, na medida em que contém resíduos da capacidade humana de monitorar suas ações de modo reflexivo (GIDDENS, 1994) e, assim, desenvolver um grau de criatividade e autonomia (nunca simples e direto) que lhe permite um processo de identificação auto-sustentada. Uma das razões para tal está diretamente relacionada ao papel que as estruturas de informação e comunicação vêm assumindo no que diz respeito às chamadas estruturas sociais, o que, por sua vez, tem a ver com o poder sempre crescente dos atores sociais ou da atividade social no interior dessas estruturas.

A reflexividade desse movimento se dá em três dimensões:

❏ a do valor, no sentido daquilo que o indivíduo considera valioso, na combinação do que publicamente seleciona como necessário e prazeroso;

❏ a da chamada hiperrealidade (ECO e BAUDRILLARD), como a proposição e a formulação de estratégicas narrativas metafóricas, simbólicas, em que o indivíduo pretende dar conta da necessidade de criar uma representação de si mesmo para, assim, se comunicar com os demais por meio de um modo específico;

❏ e, finalmente, a da tecnologia e da cultura visual.

Cada um desses temas será objeto dos capítulos a seguir.

É importante, também, ressaltar que o consumo não será celebrado, argumentando-se a favor do seu potencial cultural, ou deplorado (à maneira puritana e instrumentalista) como decorrente da natureza corruptora do mercado; seu tratamento visará a identificar, no cruzamento de algumas variáveis - cruzamento que chamo de 'interseções' (elos de significado e de significação) -, a possibilidade de uma inserção 'usufruída' de acesso à subjetividade, o que será mais bem desenvolvido na última parte deste trabalho.

Dentre as variáveis, aquelas referidas à comunidade dos signos serão a base principal do debate, nos seguintes termos:

As profundas mudanças culturais ocorridas nas últimas décadas do século XX fizeram com que as sociedades, do Ocidente e do Oriente, mergulhassem em um universo de tal forma saturado de signos, que se torna difícil distinguir o verdadeiro do falso, o passado do presente, o local do global. Esse processo, combinado com a volatilidade dos eventos e o grau de complexidade da racionalização e automatização da produção dos bens de consumo e dos serviços, propiciou um arsenal de referências, a ponto de dispor, para o indivíduo, um diversificado conjunto de elementos em função do qual ele possa compor sua identidade social e desempenhar sua *performance* diária (GOFFMAN, 1963).

O desempenho em busca da frenética magia da multiplicidade de papéis e das redes diversas de interação social, com suas respectivas demandas e tensões, acarreta o estresse da personificação. As identidades flexíveis da modernidade presente que expressam outros modos de integração e distinção na sociedade; como as descrevem os 'pós-modernistas' (Lyotard, Baudrillard, Vattimo, Jameson, Rorty), também refletem simultaneamente um profundo sentido de *playfulness* e intensa ansiedade, indicando tanto a necessidade de *driblar* as pressões como o desejo de encontrar a si mesmo.

O elemento central desse processo é a 'novidade'. A novidade enseja novos desejos e igualmente provoca o esquecimento da ação anterior, das escolhas anteriores, cuja motivação original só pode ser recuperada no gesto inconsciente do presente, quase como um ato mecânico e repetitivo inserido nas práticas diárias, ou, então, dependendo da sua gravidade relativa na trajetória individual, nos divãs dos psicanalistas, mas que, por outro lado, encontra sua pálida referência, nos *flashes* imagéticos dos signos cotidianos dos gestos hodiernos ou da imersão onírica.

A novidade está diretamente relacionada à qualidade objetiva que o indivíduo atribui aos produtos, bens e serviços, com relação aos vários contextos de sua experiência pessoal ou social. E isso decorre não só do valor em si que esses produtos, bens e serviços possuem, no sentido econômico do termo, mas também no quanto o seu consumo é ou não **valioso** como catalisador de algum reconhecimento social.

A análise dessa relação tem duas interfaces: de um lado, a produção da linguagem que escapa às conotações imediatas dos significantes, constituindo o abrigo protetor dos significados simbólicos; de outro, a tecnologia e a cultura visual, naquilo que ambas traduzem sobre toda uma série de diferentes usos e formas de o indivíduo se relacionar com as imagens, de tal modo compondo uma representação de si mesmo, diversa e complexa.

Esse é o debate a ser travado a seguir.

I.I O VALOR DESMATERIALIZADO: DINHEIRO, PRA QUE DINHEIRO?

In the sunny side of the street

O complexo de forças implicadas na proliferação da produção, da posse e do usufruto, de bens, serviços e produtos, na última década do século XX, viu surgir um novo sentido para o valor das coisas. Esse novo sentido está fundamentalmente relacionado com a compressão do tempo-espaço (HARVEY, 1992)[51], fazendo aflorar a confiabilidade como característica imprescindível à relação do indivíduo com os produtos, bens e serviços. Direcionado por uma economia sem peso (literalmente, sem lastro), o valor das coisas vai sendo legitimado pela introdução e desenvolvimento cada vez mais intenso de estratégias e operações convencionadas como 'customização'[52] do processo de oferta e comercialização dos produtos, bens e serviços.

---

[51] "Pretendo indicar com essa expressão processos que revolucionam as qualidades objetivas do espaço e do tempo a ponto de nos forçarem a alterar, às vezes radicalmente, o modo como representamos o mundo para nós mesmos" (HARVEY, 1992, p. 219). E mais adiante, o mesmo autor afirma: "Desejo sugerir que temos vivido nas duas últimas décadas uma intensa fase de compressão do tempo-espaço que tem tido um impacto desorientado e disruptivo sobre as práticas político-econômicas, sobre o equilíbrio do poder de classe, bem como sobre a vida social e cultural" (op.cit., p. 256).

[52] O termo, aqui, é um neologismo do termo inglês *customer* (cliente).

Um dos efeitos dessa mudança incide diretamente no que Campbell (1997, p. 3) chama de *shopping experience*[53] e diz respeito ao "campo da experiência, interação e ação social que cada vez mais estrutura as práticas cotidianas da população urbana". Ou seja, tratando-se de consumo, segundo um ponto de vista funcional, a introdução de novos hábitos não decorreu apenas de um certo desenvolvimento do mercado moderno, cujo ponto de partida pode ser traçado a partir da criação das passagens e lojas de departamentos de Paris em meados do século XIX, ou da abundante oferta de produtos circundando um consumidor sem a necessária intermediação de outra pessoa, mas principalmente, tem a ver com uma mudança na orientação no ato de consumir e que, ampliada pelo surgimento dos *shopping centers*, propicia o aparecimento de novos modos de ser.

Cada vez mais o ato de consumir foi transformando a agradável maneira de se passear entre objetos e mercadorias, nas galerias e alamedas dos *flaneurs*, em uma livre expressão do movimento em direção aos inextinguíveis desejos dos indivíduos. Nesse sentido, o consumo a ser debatido nesta análise tem a ver com a pluralidade de possibilidades abertas para o indivíduo, tanto como ativi-dade prazerosa de lazer quanto como planejamento de futuras aquisições ou conquistas. O ato de consumir é, então, além da expressão dos mais básicos sonhos de consumo, também a formulação de ações estratégicas para as trajetó-rias individuais.

Self-as-identity-shopper [54]

Sem dúvida, o ato de consumir está relacionado com o ato de comprar. No entanto, a própria disposição espacial dos produtos, inclusive se considerarmos o advento do comércio eletrônico via Internet, substituiu a troca verbal ativa entre o cliente e o vendedor pela passiva resposta do consumidor às coisas. O valor monetário dos produtos que estabelecia a base da negociação verbal entre o vendedor e o consumidor não é mais o aspecto central no processo de com-pra, os preços 'falam' por si mesmos, no silencioso momento anterior ao ato de consumo.

---

[53] O termo será sempre referido em inglês por falta de uma expressão em português que dê conta do sentido de *shopping*, que não se reduz ao ato de comprar (*to buy*), mas indica o conjunto de aspectos culturais relativos às práticas de consumo.

[54] Qualquer tentativa de tradução dessa expressão correria o risco de reduzir seu significado à idéia de 'eu' - como 'identidade-do-comprador' - como noção muito próxima à de 'perfil do consumidor', quando, na verdade, trata-se de toda a dinâmica do *self*, no sentido desenvolvido por Giddens, do indivíduo que constrói sua identidade reflexivamente, só que, nesse trecho da análise, fornecendo interpretações discursivas com base na sua experiência de consumo como *shopping experience*.

O modo de consumir, como um transitar (no caso da Internet, 'navegar') entre as coisas, que remonta às feiras da Idade Média, ao ir se transformando gradualmente em uma ação *indoors* (entre portas e portais), se generalizou para uma maneira específica de compor rotas individuais como narrativas espaciais (DE CERTEAU, 1994), em que importa mais o que a visão capta dessa multiforme cadeia de produtos do que propriamente o ato em si do consumo.

O ato de consumir, invariavelmente, é descrito ora como uma atividade prazerosa, ora como o desinteressante meio de manter e reproduzir a vida. De acordo com um ou outro escopo, a análise adquire contornos em que, na maior parte das vezes, se dá ênfase ao sentido utilitarista que esse ou aquele bem representa na composição das escolhas individuais.

Todavia, na modernidade presente, esses aspectos não são mutuamente excludentes. Ao contrário, a gradativa e inextricável relação entre um modo e outro tem orientado o valor que o indivíduo dá às coisas. Algo é tão mais valioso quanto mais as demandas relacionadas às necessidades básicas de sobrevivência puderem conter os atributos que provocam prazer ('diariamente para você o que você gosta') e vice-versa. A função da 'customização' é aperfeiçoar e direcionar essa relação de modo que transforme: a impulsividade do ato de consumirem numa atividade planejada; as rotinas diárias em rotinas para aproveitar o tempo (*carpem diem*, *seize the day*) e espairecer; a implícita racionalidade da compra de um bem necessário na necessária efetividade de sua satisfação.

As sociedades globalizadas têm, hoje, capacidade para desenvolver e oferecer produtos, bens e serviços que transcendem aquilo que os indivíduos, de modo geral, podem ter como demandas, e é inegável que o acesso a esses bens separa, classifica e hierarquiza socialmente os indivíduos. Entretanto, a despeito de os critérios que determinam essas discriminações serem objetos fundamentais na análise sociológica e servirem como mapa das representações estruturais das práticas cotidianas, tanto o significado como o sentido que o indivíduo projeta no consumo (realizado e a realizar), porque são matéria importante na 'negociação' que ele desenvolve para estruturar sua vida e, conseqüentemente, sua identidade, exigem sua análise sob o ponto de vista do esforço e do empenho por alguma forma de liberação ou expressão (mesmo que momentânea, fugidia, efêmera) de autonomia e liberdade.

Em outras palavras, para que as coisas façam sentido e assim possam ser desejadas e consumidas, é preciso que sejam passíveis de significação no mundo particular (e sensível) de cada indivíduo; mas é preciso, também, que os "pactos móveis de leitura" (CANCLINI, 1997, p. 62) dos bens e das mensagens contidas no ato de consumir possam ser traduzidos à luz de sua 'reflexividade', isto é, como comportamento por meio da consciência de si mesmo.

A identidade desse indivíduo-consumidor vai, então, gradativamente, definindo-se nos interstícios das escolhas que se misturam e se confundem com o universo dos produtos, bens e serviços que consome. Esse processo acontece de tal modo impregnado pelo caráter heterogêneo das demandas e das ofertas, que encontrar as marcas distintivas do 'si-mesmo' pode incorrer em projeções idealizadoras, ou seja, pode induzir a caracterização dos traços culturais dessa identidade imersa no universo dos produtos, bens e serviços da contemporaneidade, como o desenho presumível de um comportamento estável, portanto, passível de 'idealizações'.

Uma parcela significativa desse processo de escolha pode ser captada e traduzida ou interpretada pelas várias pesquisas de opinião e de mercado, e que, tratadas ou lidas sem as relativizações contextuais, acabam por ratificar estereótipos de atitudes, comportamentos e interesses. A mídia impressa tem sido um exemplo recorrente na produção desses recortes 'idealizados'.

Todavia, porque o reconhecimento do poder de liberação do indivíduo, pelas suas escolhas no consumo, exige o reconhecimento das incertezas (inclusive no interior desta análise) dispersas na multiplicidade desordenada das possibilidades abertas ao indivíduo, torna-se imprescindível valorizar não apenas o ato permanente, aquele que sustenta a condição de estabilidade do indivíduo em suas rotinas diárias, mas também aquele que assinala o caos, a desordem em face da ordem estabelecida. Movimentos e ações extemporâneas que escapam, num primeiro momento, ao controle das mídias e das pesquisas, porém não menos presentes e açambarcados em uma narrativa que faça sentido. Em outras palavras, há um reduto não presumível e não controlável, com alta densidade de estimulação sensorial, que está presente no consumo e aí reside a possibilidade de alternâncias. O sistema todo continua funcionando e disso redunda uma pretensa estabilidade, porém, a escolha do indivíduo pode surpreender e disparar os elementos e modos de organização do sistema de oferta e – por que não? – procura dos produtos, bens e serviços.

É dessa maneira que as incertezas invadem o universo simbólico dos objetos de consumo e exercem pressão sobre a relação entre o privado e o público. A medida do quociente de intensidade entre um e outro corresponde à capacidade humana de orientar-se cognitiva e emocionalmente nas suas atividades cotidianas e, a partir daí, fazer surgirem rotas, trajetórias e alternativas de negociação entre as diferentes demandas, para que possa sobreviver minimamente com alguma condição de dignidade humana. Ou seja, a relação entre o privado e o público deixa de ser a distinção topológica entre aquilo que é íntimo, que diz do 'interior' do indivíduo em contraposição à sua inserção social, num sentido amplo, para transformar-se, principalmente pelo consumo, nas fronteiras transparentes do mundo virtual, incidindo sobre aquilo em que o indivíduo postula algum valor.

Esse aspecto se apóia na idéia de que, na modernidade, os sistemas de inserção social, inclusive o ato de consumir, estão sustentados por tecnologias com linguagens específicas (a arquitetura, a publicidade, a moda, o *design*, os logotipos e as grifes, são expressões dessas linguagens), que estabelecem limites para os sistemas em que os indivíduos participam. Uma das interlocuções, cada vez mais privilegiada nas diferentes formas de agenciamento social, acontece pela interatividade com a máquina; a negociação acontece dentro dos limites do jogo escolhido pelo indivíduo entre as possibilidades que a máquina lhe oferece. Estar fora dos limites significa defrontar-se com a zona da privacidade. O mais importante, nesse modo de interação, é a existência de relações ancoradas na visão e interpretação como ponto de vista pessoal, porque, na relação com a máquina - e, portanto, com a tecnologia - persiste a sensação de que a interação só acontece pelo comando do indivíduo que liga, desliga, olha, escuta, toca, e se comunica, por meio dela. Daí decorre a idéia de que a tecnologia audiovisual é um meio pelo qual nos comunicamos com nós mesmos, porém, cujo contraponto é aquele do sentido do espelho, que, refletindo o indivíduo, ao mesmo tempo refrata aquilo que sobre ele incide, numa relação de auto-imagem poderosa, porque 'entorpece', em uma clara alusão à palavra grega *narcosis*, da qual se deriva o nome Narciso. Processados pelas máquinas, os indivíduos são refletidos, na sua capacidade de escolha e de interação, e aí são definidas as regras da negociação. A máquina, especificamente o computador e sua linguagem informatizada, opera uma tal espacialização do universo, que as vitrines das galerias das grandes cidades, bem como as portas giratórias envidraçadas das lojas de departamento, dissolvem-se nos *sites* das *webs* eletrônicas, estendendo a experiência do transitar físico e visual das ruas e corredores dos shopping centers para a rede de endereços e caminhos da *World Wide Web* da Internet.

O lado ensolarado da rua (*the sunny side of the street*), que metaforicamente separava aqueles que tinham acesso ao consumo daqueles que apenas assistiam e esperavam, é substituído pelo lugar 'de acesso ao acesso' para o incomensurável mundo dos produtos, bens e serviços 'globais' e não apenas locais, alterando também a definição de que há um 'tempo e um lugar para tudo', porque, para a comunicação das redes eletrônicas, o tempo e o lugar são estabelecidos pela orientação singular das necessidades e dos desejos, sem tempo nem lugar para acontecer.

Essa alteração também interferirá no sentido do valor atribuído às coisas. A velha fórmula econômica estabelecida pelo jogo entre a oferta e a procura experimentará, com o advento do comércio eletrônico (*e-commerce*) e do estímulo crescente à concorrência e à competitividade entre os vários setores da economia, um avançado estágio de desenvolvimento, em que a regra principal é: produtos, bens ou serviços disponíveis a qualquer hora para todo e qualquer indivíduo. Se não for possível oferecer exatamente o que o indivíduo deseja, a regra seguinte será: oferecer alternativas ou similares. A diferença entre o produto original e suas várias cópias ou versões deixa de ser significativa, assim como a espionagem industrial e o *benchmarking* passam a ser estratégias de negócio legitimadas pelos consumidores e compradores de um modo geral.

Do ponto de vista macroestrutural, continua sendo válido o fato de sempre ser possível buscar o lucro alterando os modos de uso e de definição do tempo e do espaço, e quanto mais rápida a recuperação do capital em circulação, maior serão os lucros ou as vantagens obtidas, tornando, portanto, a aceleração do tempo de giro uma constante e a introdução de inovações uma tendência onipresente em todos os setores da vida moderna.

Como conseqüência, a aceleração dos processos sociais, principalmente na modernidade, ao mesmo tempo em que estabelece horizontes temporais reduzidos, sob a pressão das prioridades de circulação e deslocamento, impõe para o indivíduo-trabalhador um ritmo de adaptabilidade intenso, exigindo sua capacidade de flexibilizar-se perante as novas exigências, por exemplo, do mercado de trabalho. Por outro lado, a base monetária do valor dos produtos, bens e serviços, estabelecida também em razão da alocação do tempo do trabalho social, e que, no decorrer do desenvolvimento do capitalismo, implicou nos mecanismos da luta de classes, sofreu uma mudança significativa. A luta de classes não desaparece como uma das características centrais do capitalismo globalizado[55], mas, o individualismo, tornando-se a força catalisadora das tendências, a tensão entre o privado e o público, passa a orientar, dirigir, as demandas carreadas pelas respectivas classes.

A intensidade com que os meios informatizados invadem o universo da vida particular e social promove a introdução de elementos de monitoramento do privado e do público cada vez mais insidiosos, seja na busca por uma melhor definição do perfil do consumidor a ser conquistado pelos setores produtivos, seja para oferecer ao indivíduo melhores condições para que ele possa dar conta dos surtos mais ou menos freqüentes das novas exigências introduzidas pela aceleração econômica e social. Só que, quando tratamos desses aspectos apenas orientados pelo debate técnico que o tema enseja, isto é, quando reforçamos o caráter objetivante da relação mencionada acima, reduzimos um fator importante da produção da vida cotidiana na atualidade (o consumo) à sua instrumentalidade. O que, sem dúvida, faz ressaltar a questão da ética como o substrato fundamental nas relações entre a identidade e o ato de consumir, quanto ao seguinte ponto: enfatizar o aspecto técnico ou tecnicista que permeia as reflexões sobre o ato de consumir significa assumir o pressuposto da separação entre ética e inserção social, nas suas dimensões cultural, política e econômica, em vez de trabalhá-lo como práxis.

Em síntese, do ponto de vista macroestrutural, o fato de o individualismo ter-se tornado, por excelência, realização da autonomia do valor de base monetária (isto é, o capital), ainda que à custa da repressão da individualidade, e em decorrência também da própria subjetividade e da condição de pessoa, acabou igualmente resultando em uma mudança significativa sobre o caráter público e privado das relações individuais. O ato de consumir, como parte integrante desse processo, passa a ser fundamental para direcionar o valor embutido nas escolhas, porque será também por meio dele que a própria especificidade de classe, gênero, raça, adquirirá uma certa referência social.

Como essas relações e a própria dimensão do público e do privado, na modernidade, são cada vez mais permeadas pelas máquinas, pelas tecnologias da informatização e pelas mídias digitais, podemos incorrer no erro de debater

---

[55] É importante esclarecer que o termo 'capitalismo', aqui, é pensado como o sistema de produção de mercadorias cujo eixo central é a relação entre a propriedade privada do capital e o trabalho assalariado sem posse de propriedade, relação estruturada e definida considerando-se um sistema de classes. O sistema capitalista depende da produção e distribuição de produtos, bens e serviços para mercados competitivos, os valores de base monetária constituindo-se um dos principais elementos que regulam as relações entre investidores, produtores e consumidores.

o ato de consumir apenas pelo seu aspecto mais técnico, por exemplo, as análises quantitativas e/ou qualitativas de mercado, deixando de lado ou mesmo descartando o aspecto moral e ético, necessariamente relacionado às questões sobre o público e o privado. Conseqüentemente, reduzindo o debate em torno do ato de consumir à sua instrumentalidade, e não como algo referido à práxis social.

Como diz Castoriadis (1997, p. 307):

> A técnica não é só criação tomada nela mesma; é dimensão essencial da criação de conjunto representada por cada forma de vida social e isso antes de tudo porque ela é, tanto quanto a linguagem, elemento da constituição do mundo enquanto mundo humano e em particular da criação, por cada sociedade, do que, para ela, é real-racional, pelo que entendemos o que ela estabelece como impondo-se a ela; a magia em uma sociedade arcaica é uma peça central do 'real-racional' desta sociedade.

Assim, da mesma forma, as tecnologias midiáticas, que invadem o cotidiano na modernidade tardia, e suas repercussões na relação entre o privado e o público adquirem valor porque integram, segundo Castoriadis, "o mais poderoso aparelho já criado pelo homem (que) é a rede de relações sociais".

O valor, no sentido aqui descrito, decorrerá, então, do tempo investido pelo indivíduo no controle e monitoramento de suas relações privadas, enquanto para o sistema produtivo será proposto na medida do espaço dominado (incluindo-se aí o fator tempo como domínio da informação), mesmo que seja virtual.

Novamente, o lugar próprio das estratégias de poder se opõe à ausência de poder das táticas engendradas pelo indivíduo para fazer frente às pressões pela sobrevivência. Isso porque é mais imperativo para o indivíduo o controle sobre o tempo do que o controle sobre o lugar, ao passo que, para o sistema, é mais importante o controle sobre o espaço sem fronteiras físicas, um domínio só ameaçado pelos cataclismas ecológicos, crises políticas, guerras étnicas, atos de terrorismo, ou pela intromissão de *hackers* ou dos vários vírus que invadem os circuitos informatizados.

O valor dimensionado por meio dos tradicionais referenciais econômicos - valor de uso, valor de troca, ou mesmo a força de trabalho - perde sentido porque o que passa a valer é a proliferação e contínua circulação dos eventos; a simples circulação basta para criar um horizonte social do valor, banalizando, de certa forma, o processo real de trabalho e todo o investimento feito em termos de finalidades e razão de viver.

Os movimentos sociais de oposição à expansão do domínio de uma expressão puramente monetária do valor e da organização sistematizada do tempo e do espaço buscam construir modos alternativos de representação, no esforço de implementar formas bem distintas e que sejam fontes de resistência à força da dinâmica da acumulação do capital. Entretanto, esses movimentos sociais contrários ao poder hegemônico de base monetária devem igualmente encontrar uma maneira de resolver o paradoxo de precisarem criar seu próprio espaço e, ao mesmo tempo, definir de modo racional sua oposição com base na questão do valor e de sua expressão, bem como organizar a reprodução e legitimação dessa representação.

Em outras palavras, para que esses movimentos se contraponham à lógica dominante baseada no poder econômico de base monetária e financeira, faz-se necessária a formulação racional de uma oposição que considere esses princípios por outros referenciais simbólicos, ao mesmo tempo que encontra modos de produzir a vida segundo esses outros referenciais, além da busca da legitimação dessa representação.

No plano social, esse empenho acaba redundando em concessões ao poder dissolutivo do valor de base monetária; no plano individual, favorece o desenvolvimento de uma couraça que serve de ponte para a negociação diante da infinita variedade de pressões exercidas, nas práticas cotidianas, pelo valor de base monetária. O núcleo dessa couraça é formado pela **confiabilidade** e pela **credibilidade**, em relação ao que, o valor de base monetária – nesse caso, o dinheiro[56], por excelência - além de oferecer o suporte financeiro necessário à sobrevivência e operar simbolicamente a redução e minimização dos efeitos dos riscos e perigos a que a existência está submetida nos dias de hoje, representará um fim para o valor e para o trabalho.

Para alguns (Horkheimer, 1976) o assentimento ao valor de base monetária pelos indivíduos de um modo geral representa, principalmente para a classe operária e os assim chamados 'excluídos', "a dissolução geral da individualidade". Para Baudrillard (1996), representa a força da lei que esvazia o conteúdo simbólico das formas sociais. No entanto, mesmo que haja um agudo perigo em se destacar a significação das tendências de aumento da flexibilidade e mo-

---

[56] É um exemplo dos mecanismos de desencaixe e, como um elemento inerente à vida social moderna, corresponde a um tipo específico de 'ficha simbólica' (GIDDENS, 1991, p. 33).

bilidade dos eventos, dos mercados e também das pessoas, o que, sem dúvida, merece cuidadosa consideração, é igualmente 'perigoso' não reconhecer a importância das mudanças introduzidas pelo desenvolvimento tecnológico e pela importância do valor de base monetária para os processos de tomada de decisão e de escolhas que direcionam as trajetórias individuais.

As novas tecnologias ampliaram o poder de certas camadas privilegiadas com a conseqüente desvalorização da força de trabalho, resposta instintiva recorrente na história do capitalismo, mas que, por outro lado, coloca em outros patamares a capacidade de os indivíduos – num sentido marxista - produzirem valor. Do mesmo modo, a condição de 'explorado' ou de 'excluído', embora 'coerente' com a nova dinâmica da sociedade, impõe que todos se adaptem rapidamente, para não serem relegados à anormalidade, ao desvio, à criminalidade, necessidade igualmente colocada para outras épocas, outras fases do capitalismo, e que, na atualidade, adquire outros contornos.

Portanto, enquanto se aperfeiçoam os sistemas de comunicação e o fluxo das informações (que garantem, por exemplo, o funcionamento dos bancos eletrônicos, dos sistemas de cartões de crédito etc.), possibilitando maior circulação de produtos, bens e serviços, o valor das coisas torna-se tão fluido, que a convivência com uma base de risco aceitável e um equilíbrio mínimo de confiança nos sistemas peritos torna-se fundamental.

A modernidade, ao revelar, pela introdução de novas práticas sociais, a silenciosa insurgência de outras estratégias de sobrevivência, também testemunha a contínua tensão entre o processo de inovação autônoma e a obsolescência da própria sociedade industrial.

Esse tema é debatido por Ulrich Beck à luz do que ele nomeia "modernização reflexiva" e que traz, como contrapartida, a "emergência da sociedade de risco". "Este conceito", diz ele, "designa uma fase no desenvolvimento da sociedade moderna, em que os riscos sociais, políticos, econômicos e individuais tendem cada vez mais a escapar das instituições para o controle e a proteção da sociedade industrial" (GIDDENS, BECK e LASH, 1997, p. 15).

Diante disso, podemos concluir que os indivíduos, abandonados à própria sorte, devem encontrar um modo de construir suas próprias rotas de segurança, tanto social quanto ontologicamente. A dificuldade constante e, de certa maneira, permanente, será viver submetido a condições que não permitem a esse indivíduo ser "dono do próprio destino". Portanto, como o futuro tem cada vez menos a ver com o passado, tem sido, igualmente, cada vez mais ameaçador projetar ações e viver a perspectiva do dia seguinte, sem muitos prenúncios apesar dos esforços das agências de 'anúncio'.[57]

Nesse contexto, o princípio da necessidade é recolocado à luz de uma orientação ambivalente: usufruir a utilidade das coisas de modo prazeroso e, ao mesmo tempo, viver a negatividade sempre emergente do desejo, já que, no instante seguinte ao ato de consumir, o universo de novas possibilidades é potencialmente ampliado, expandindo o leque de expectativas a serem preenchidas e satisfeitas, bem como as possibilidades de dissolução.

Essa é a tensão diária vivida pelos indivíduos e em razão da qual as ações se organizam como panóplia, no seu duplo sentido de 'armadura' e 'coleção' (BAUDRILLARD, 1995, p. 17)[58]. À profusão ordenada da oferta de produtos, bens e serviços, que captura o indivíduo na logicidade de uma totalidade aparente, ele responde com o assentimento mudo do vertiginoso deslocamento entre as várias consumações que realiza. Esse movimento estabelece as correspondências entre os objetos isolados no seu pragmatismo e o contexto na sua significação total. Em outras palavras, o ato de consumir, como realização de escolhas individuais e como parte das trajetórias (narrativas) construídas, porque carrega a desagradável ou penosa tensão da fragilidade evidente do existir humano na contemporaneidade, acaba por engendrar um princípio regulador em que o princípio da realidade alia-se ao princípio do prazer, tornando-se uma intervenção que cinde o sentido útil das coisas ao seu significado simbólico.

Em decorrência, as alternativas para o indivíduo, além de não serem tão evidentes e flagrantes como na época das assim chamadas 'primeira' e 'segunda modernidade', no sentido do universo de possibilidades humanas abertas ao destino quanto à igualdade de direitos, fraternidade de sentimentos e liberdade de escolha, ao serem submetidas à ideologia dominante, tornam-se restritivas e direcionadas, contudo, impossíveis de serem subsumidas pela consciência individual, para assim se transformarem em estratégias coletivas de transformação, restando apenas o caminho da trajetória individual, nesse caso, de uma maneira, exclusivista, personalizada e individualista.

Do ponto de vista da ordem estabelecida, as diferentes respostas individuais assinalam tanto o *referendum* à cadeia coletiva e coerente da totalidade

---

[57] Refiro-me às agências de notícia mundial, como a rede americana CNN.

[58] "Raros são os objetos que hoje se oferecem isolados, sem contexto de objetos que os exprimam. Transformou-se a relação do consumidor ao objeto: já não se refere a tal objeto na sua utilidade específica, mas ao conjunto de objetos na sua significação total."

indissociável dos vários produtos e sua representação, como também às iniciativas desordenadas decorrentes de motivações complexas ainda não decodificadas pelo mercado. Capturados nessa cadeia, os indivíduos respondem ora de forma ordenada, de acordo com as expectativas projetadas, ora de modo imprevisível...

A antecipação da oferta de um produto na direção desse desejo 'ainda desconhecido' converte-se em atração fatal, estabelecendo um novo círculo de valor para um pensamento que, dirigido pela mentalidade fluida que rege a vida cotidiana, governa o ato de consumir, com a mesma intensidade com que os objetos, na teia de signos das vitrines físicas e virtuais das 'janelas' dos computadores, dos anúncios publicitários nos seus mais diversificados meios, nos diferentes logotipos dos vários serviços, na disponibilização das marcas e seus respectivos produtos, assediam o interesse e atenção dos consumidores de um modo geral. Nesses momentos, é possível perceber quanto do dinamismo comercial e do sentido estético realizam uma simbiose de tal ordem que é impossível escapar à magia do impacto dos produtos no universo das práticas cotidianas. Esse efeito deve-se ao fato de os produtos se apresentarem, na sociedade da produção, como um *locus* estratégico econômico e político, enredados por uma organicidade produtiva que se "manifesta como ordem da manipulação dos signos" (BAUDRILLARD, 1995, p. 23).

Essa formulação é que garante a segurança necessária para que o indivíduo não se deixe abater pela violência das catástrofes, ou mesmo pela inumanidade do mundo à sua volta, representada à exaustão pelos meios de comunicação de massa. O que só é possível em razão do resíduo alegórico do signo presente no produto, que permite ao indivíduo estabelecer um vínculo e, assim, designar o que é valioso, o que precisa e deve ser valorado.

Portanto, como os valores usufruídos dos produtos, bens e serviços não estão diretamente relacionados ao resultado em si do trabalho e do processo de produção (apesar das diferentes classificações de segmentação do mercado e perfil do consumidor), a fruição decorrerá das sensações de algo que era devido, sendo consumido como merecido, quase como um 'direito natural', como, por exemplo: gastos dispendiosos com coisas consideradas supérfluas, aspiradas como 'sonho de consumo', invariavelmente acompanhadas da expressão: 'eu mereço'.

Em outras palavras, o jogo das antecipações possíveis, como transformação da energia livre em energia ligada, denuncia o movimento de assentimento que explicita o desejo ao mesmo tempo em que o camufla, o esconde, tal qual a prática dos signos que, simultaneamente ao anúncio das sensações, impressões, representações que pretende traduzir (significar), é também indício de algo que necessita ser negado, recalcado, esquecido, porque, no momento de sua explicitação, confirma uma codificação, que bem pode ser uma metáfora.

A distância propiciada pelo signo equivale à proximidade do usufruto dos produtos, bens e serviços. Fruição que se desenha e, ao mesmo tempo, se deslinda no interlúdio do indivíduo com os objetos do seu prazer, no mágico desnudar de cada aspecto, detalhe, peculiaridade mais íntima ou interior, invadindo sua privacidade como um *strip-tease* público. Esse, por exemplo, é o fascínio exercido pela 'novidade', capturado, na sua essência, pela moda. Segundo Campbell (1998):

> "O que torna o *'consumerismo'* ainda mais intrigante é que descobrimos (de modo bastante) característico que desejamos novos produtos, alguns dos quais não nos são familiares. Não temos possibilidade de saber, quando os desejamos, qual satisfação (se houver) esse produtos proporcionariam. Na verdade, parece ser principalmente essa preferência por novos produtos e serviços, que se esconde na aparente inesgotabilidade dos próprios desejos, como se manifesta, por exemplo, no central fenômeno moderno da moda."[59] (CAMPBELL, 1998 p. 142)

1.2 O SONHO DE CONSUMO (*DAY-DREAM*) – INTERLÚDIO

O contato visual mudo entre os indivíduos e os objetos é um dos traços fundamentais da modernidade. Por meio dele, um sentido de interlúdio se estabelece e, uma vez conquistando o indivíduo, define uma irremediável adesão ao mundo do consumo. O olhar é parte da sedução e, de todos os encantos que nos movem em relação às coisas do mundo, representa o primeiro movimento, o primeiro encantamento. 'Seduzir' vem do verbo latino *seducere*, que significa 'levar para o lado', ou seja, desviar, e, entre outras possibilidades, significa também 'atrair, encantar, fascinar, deslumbrar', além de, segundo o dicionário Aurélio, 'enganar ardilosamente'.

---

[59] *"What makes consumerism even more puzzling is that we typically discover that we desire novel products, ones with we are unfamiliar. We cannot possibily know what sarisfaction (if any) such product might yield when desire them. Indeed, it would seem that it is principally this preference for novel goods and services that lies behind the apparent inexhaustibility of wants itself, as manifest, for example, in the central modern phenomenon of fashion."*

No primeiro contato visual, a imagem 'cresce' diante do olhar, se amplia na direção do interesse de quem olha, tornando-se quase uma extensão dele mesmo, fechando o ciclo. A imagem contém a revolução que liberta o olhar do aprisionamento da forma, porque a relação entre o indivíduo e a projeção transformada é, na maior parte das vezes, estereoscópica. Quando olhamos para um espaço, ou para algo, de um ponto de vista tridimensional, cada um dos nossos olhares vê algo 'imageticamente' diferente. Em outras palavras, o que revoluciona a imagem que o olho esquerdo vê na imagem que o olho direito quer enxergar é um deslocamento de visão, para que se possa visualizar aquilo que o desejo coloca como objeto, como foco. Essa capacidade, discernida pelo indivíduo, no ato do consumo, se revestirá de toda a ordem de combinações sociais, culturais, econômicas, que circunscrevem seus processos identitários.

A representação imagética[60], como código que interconectará o indivíduo aos objetos, também é um modo de decifração desse indivíduo, como um dos meios para discernir a poética das pequenas transgressões que, conferindo o assentimento à imensa capacidade do sistema de produzir imagens como mercadorias, quando do ato de consumo, igualmente transforma esse seu significado numa linguagem própria. Isso se apóia na concepção de que o mundo da representação imagética corresponde a dois domínios: um deles, o mundo das representações visuais, presente nos desenhos, nas pinturas, fotografias, televisivas e todas aquelas manifestações visuais dos vários objetos materiais; o outro, como dizem Santaella e Nöth (1998, p. 15), corresponde "ao domínio imaterial das imagens na nossa mente. Neste domínio, imagens aparecem como visões, fantasias, imaginações, esquemas, modelos ou, em geral, como representações mentais". Esses dois domínios estão imbricados desde sua origem e, porque não podem ser concebidos em separado, também são portadores de significados subjetivos. Articulados conceitualmente, no **signo** e na **representação**[61], comunicam-se diretamente com o indivíduo, estimulando sua percepção e provocando as mais diversas sensações e impressões.

---

[60] "Na semiótica geral, encontram-se definições muito variadas do conceito de representação. O âmbito da sua significação situa-se entre apresentação e imaginação e estende-se, assim, a conceitos semióticos centrais como signo, veículo do signo, imagem ("representação imagética") assim como significação e referência" (SANTAELLA e NÖTH, 1998, p. 16).

[61] Empregada aqui em referência à semiótica, e não à sociologia.

A principal estimulação visual, na modernidade, é percebida em sínteses de imagens com as mais diferentes configurações compondo uma *bricolage*, com vários efeitos e repercussões nas imagens mentais dos indivíduos, principalmente se considerarmos os novos meios de comunicação e as novas tecnologias da informatização apoiadas na linguagem visual, tornando quase impossível escapar da influência das máquinas, na formulação de visões sem 'olhar', como, por exemplo, na câmera de vídeo, ou na *automação da percepção* (VIRILIO, 1994, p. 86) da visão artificial dos computadores.

A representação dessa forma de percepção tem um alto poder comunicativo com as imagens forjadas na mente dos indivíduos, porque é uma representação interativa. Desse modo, é um meio pelo qual os indivíduos se intercomunicam, como se falassem consigo mesmos diante de um espelho, porque o meio reflete e refrata aquilo que lhe é dado; o que retorna diz respeito aos indivíduos transformados e 'processados'.

Esses novos modos de estimulação visual e igualmente modos de acesso aos bens, produtos e serviços, ao refletirem os indivíduos de forma reconhecível, também proporcionam uma auto-imagem, um sentido para o 'eu', por meio de uma narrativa apoiada na máquina e suas respectivas tecnologias.

Essa representação pode reificar a rica diversidade das experiências e trajetórias individuais em uma cristalização de sentidos e percepções, ou seja, aprisionando-a numa forma restrita, convertendo a confusa miscigenação, que o impacto dessas sínteses geram no indivíduo, em um modelo de comportamento racionalizado, com todas as possibilidades de induzir a compreensão de uma poética possível em significados que se pretendeu criticar.

Em outras palavras, o espelho tem duas faces: uma que revela e outra que intima. A primeira é aquela análoga à nossa relação com o mundo, com as coisas, com a realidade, no sentido de que os indivíduos se 'des-cobrem' no espelho do universo; a outra, é aquela análoga ao reflexo transformado, estereotipado, uma imagem de espelho como sombra transformada pelos potenciais advindos do contexto, do ambiente, da justaposição de outros olhares.

A transformação decorrerá das possibilidades da visão multidirecional, criativa e extremamente sensorial, que o indivíduo dirige para os objetos de seu desejo, e não da visão unilateral, funcional e pragmática, que comanda a maior parte dos atos de compra.

O olhar intenso e prolongado de um flerte, o 'voyeurismo' exibicionista das câmeras de vídeo, os *scanners* e as microcâmeras acopladas aos computadores pessoais guardam similaridade com o prolongado contato visual sustentado pelo caráter dinâmico da vida na multiplicidade das ruas das grandes metrópoles, com a diferença de que o olhar do flerte exige um olhar de retorno, mesmo que não signifique que se foi visto, ao passo que os demais guardam o silencioso distanciamento da prioridade do vislumbre, o mesmo olhar de relance que passeia pelos produtos para selecionar, distrair, escolher. Além do mais, o indivíduo também é visto para ser selecionado, distraído e escolhido.

O olhar bidirecional entre estranhos, nas ruas, é experimentado como parte do código cotidiano de respeito ao contato visual. Um olhar prolongado é experimentado como uma ofensiva em direção a um objeto de atenção, o que não implica, necessariamente, consentimento ou reciprocidade. Nos espaços públicos, os olhares são trocados como parte do caráter dinâmico do movimento dos indivíduos nas suas práticas cotidianas.

O estímulo do olhar é parte da vida urbana. Em decorrência, o despertar das demais sensações - tato, olfato, paladar e audição - se agrega para totalizar o embate do indivíduo no jogo do consumo. A captura dessas sensações é uma busca pelas antecipadas expectativas, semelhante às dos jogos de azar, sempre na iminência de que alguma coisa acontecerá. Esse nível de incertezas brinca com as percepções do indivíduo ao mesmo tempo em que cria a ilusão de uma livre concentração e/ou recepção de impulsos e impressões quanto aos produtos, bens e serviços ao seu redor.

Nesse vagar (ou nesse devanear) por entre os objetos, o indivíduo se sente aberto para todas as possibilidades de ação, descobrindo novas trajetórias em direção às suas demandas. No anonimato das grandes metrópoles, sente-se livre dos imperativos das responsabilidades sociais, ou, até mesmo, do agir autêntico, tornando-se assim suscetível a qualquer coisa desejável e disponível para seguir repentinos impulsos.

A sensação de uma independência e autonomia individuais também torna possível a criação pessoal do gosto, uma vez que o anonimato favorece a diversificada possibilidade de experimentação de novas coisas, novos estilos, novidades das mais diferentes ordens, introduzindo novos aspectos pela gradativa agregação e articulação das escolhas, compondo, enfim, uma identidade cultural.

Coisas novas e incertas têm um sabor especial. A novidade não tem a ver com o inteiramente novo, como uma inovação tecnológica, por exemplo, tem a ver com o inusitado; pode decorrer da combinação de coisas aparentemente estranhas e, por essa razão, atrair o olhar dos incautos, embaralhar a visão dos obstinados, enevoar os desejos estimulados pelas novidades.

Num primeiro movimento, não se trata do ver como quem disseca um objeto para o conhecimento, já que o plano dessa relação é puramente sensorial e, na maioria das vezes, nada racional. Num movimento posterior, é como se um intervalo de bruma deslizasse sobre as coisas desejadas e, por um instante, 'desrealizasse' o real, quase se aproximando do sonho. É como se o sonhador (indivíduo-consumidor) experimentasse um prematuro sentimento de desconhecimento e de perda, e olhar para as coisas desejadas representasse um estado separado, distante, e, assim, a impossibilidade de alcançar um real desejável, porém inapreensível.

Estático e cego para a concretude das coisas, incapaz de estabelecer uma relação cognitiva com o objeto de desejo, o que o olhar vê é representativo de algo que se oculta nos símbolos. O olhar se transfere para as *performances* relacionadas ao ato de consumir e que, de algum modo, permitirão ao indivíduo 'olhar-se olhando', ou seja, dirigir o olhar para aquelas coisas que o farão ver o mundo exterior. Entretanto, esse jogo de deixar de olhar e ver o que se deseja para tentar encontrar o próprio de si mesmo no ato de consumir, além do esvaecimento das coisas imediatamente após o consumo, significa o eclipse do próprio indivíduo, porque revela sua incapacidade de ver as coisas como algo com que o olhar possa se defrontar, aí se deter e, assim, permitir-se ser afetado reflexivamente, na sua consciência.

Esse jogo de olhar sem ver, porque as coisas se revelam por meio de símbolos, de ver-se olhando, porque a consciência se 'camufla' nas *performances* do consumo, não ilumina as coisas por intermédio do conhecimento, porque é uma constante estranheza para consigo mesmo.

Quando isso acontece, a sensação de um vazio a ser preenchido não é precedida pela experiência do olhar, no sentido de algo que procede do indivíduo para as coisas, mas o inverso: a sensação procede dos estímulos das coisas para o indivíduo, quase como se as coisas o olhassem. Dessa maneira, não é o modo de olhar que define a escolha, mas as evocações sensoriais dispostas ao olhar do indivíduo que iluminam o desejo de escolha.

O consumo provoca a 'doença' do olhar, como em Alberto Caeiro (Fernando Pessoa), em que pensar é estar doente dos olhos[62]. No ato de consumir, saber olhar diz da condição de recepcionar as coisas no pensamento como em uma primeira vez, porque é a primeira vez que as vemos, daí seu caráter de novidade e a incapacidade de reflexão.

Poder olhar sem pensar é um privilégio do indivíduo no ato do consumo. Essa prerrogativa se sustenta na natureza emocional que dirige a escolha do objeto de desejo, alimentada pelo inextinguível surgimento de novos desejos associado à regularidade com que novos produtos e serviços são lançados cotidianamente.

De acordo com Campbell (1998, p. 144), a atividade de consumo, na modernidade, é conseqüência de uma certa forma de hedonismo, muito mais relacionada às emoções que às sensações. Embora toda busca pelo prazer tenha uma certa base sensorial, "emoções têm o potencial para servir como fontes imensamente poderosas de prazer, desde que elas proporcionem estados de grande realização"[63]

Qualquer emoção, mesmo aquelas consideradas negativas, pode provocar uma certa estimulação de prazer. Entretanto, para as associadas à profusão alucinante das **novidades**, é preciso um certo ajustamento entre o despertar dessas emoções e o prazer da experiência, em que o indivíduo possa, de algum modo, manter um certo controle, como se diz, emocional.

No consumo, a habilidade de auto-regular as emoções é alcançada pela capacidade de lidar com as situações ambientais ou com o contexto, quando as escolhas se processam segundo aquilo que os indivíduos acreditam corresponder ao seu modo de inserção e sua compreensão sobre as (suas e dos demais) condições de interação social. O contexto, de certo modo, antecipa a forma de atuação dos indivíduos, mesmo porque as ações sempre foram desde e para os respectivos contextos. Nesse sentido, as coisas devem ser percebidas em seu contexto, assim como os indivíduos devem ser capazes de perceber o que essas coisas produzem nos contextos.

---

[62] "O que penso eu do mundo?
Sei lá o que penso do mundo!
Se eu adoecesse pensaria nisso.
[...] Não sei. Para mim pensar nisso é fechar os olhos
E não pensar" (, p. 206-207).

[63] *"Emotions have the potential to serve as immensely powerful sources of pleasure, since they constitute states of high arousal."*

A atuação de cada indivíduo é resultado de um processo co-construído, isto é, não é possível a realização de um ato pelo indivíduo em si mesmo, mas só em interação social com os demais, principalmente do ponto de vista da comunicação. Articulados ao contexto, à finalidade e à intencionalidade das ações por meio de uma estimulação visual, realizam atos reprodutores que mantêm um determinado padrão de funcionamento de todo o sistema, mas também atos de mudança.

Será preciso diferenciar, na atividade de consumo, quanto a força contextual impõe ou dirige uma certa conduta, seja para afirmar aquilo que o sistema considera apropriado, seja para permitir um modo de interação social, do quanto é possível uma ação de ordem mais implicativa, no sentido de mudar o contexto em que sucede.

Para essa definição é necessário considerar a força reflexiva presente na atividade de consumo como uma condição reversa das mercadorias sobre o indivíduo. Esse efeito, no entanto, pode refluir nos indivíduos como uma ilusória percepção de suas emoções. Uma incapacidade de reflexão, igualmente provocada pela recepção da representação imagética e, por vezes, dada a entrega vertiginosa às sensações prazerosas advindas da escolha e da 'experienciação', o que transcende o campo do contato visual e invade o universo subjetivo dos indivíduos, enseja um hedonismo auto-ilusório, que se configura como 'sonho de consumo' (*daydreaming*).

Campbell (1998) considera *daydreaming*:

> ...uma parte integral da vida psíquica de homens e mulheres modernos... (no sentido de que) [...] Não há dúvida de que o impulso por trás do devaneio é hedonista, assim como os indivíduos se afastam do que eles percebem como um estímulo real, para pensar nos grandes prazeres que o mundo imaginário pode oferecer. Nesse contexto o indivíduo pode ser visto como um artista da imaginação, alguém que traz imagens da memória ou do ambiente ao redor e as reordena, ou de tal modo as melhora para obter algo mais prazeroso (CAMPBELL, 1998, p. 145).[64]

---

[64] *"There is no little doubt that the impulse behind day dreaming is a hedonistic one, as individuals turn away from what they perceive as an stimulating real world in order to dwell on the greater pleasures imaginative scenarios can offer. In this context, the individual can be seen as an artist of imagination, someone who takes images from memory or the immediate environment and rearranges or otherwise improves them so as to render them more pleasing."*

Esse é um dos modos ilusórios de se transitar pelos produtos, como uma distintiva moderna habilidade percebida invariavelmente como supérflua, porém, significativamente sentida como verdadeira.

O fenômeno do *daydreaming* constrói a possibilidade de que a vida verdadeira pode ser vivida segundo a probabilidade de uma outra dimensão do cotidiano, não preenchida pela entediante e repetitiva prática diária de manutenção da sobrevivência. Assim, reveste-se da condição de oferecer ao indivíduo a experiência de um certo êxtase para sua vida ordinária: "para você, o que você gosta, diariamente".

Alguns elementos contribuem para esse processo: a **novidade** decisivamente instalada nos hábitos cotidianos, o **valor** recorrente em cada uma das práticas e dos objetos e o **jogo da sedução** no interlúdio do consumo. Cada um desses aspectos é capturado pela imaginação por meio da representação imagética; desse modo, camuflam o desejo eclipsando a subjetividade.

O jogo da sedução é uma troca ritual ininterrupta, um jogo móvel em que transparecem as táticas engendradas para se esquivar e, ao mesmo tempo, encontrar e dominar o objeto do desejo, um jogo articulado simbolicamente. Como diz Baudrillard, "que desloca o sentido do discurso e o desvia de sua verdade", o discurso manifesto e não o discurso latente. E justamente porque

> Na sedução, ao contrário, de alguma maneira é o manifesto, o discurso no que tem de mais 'superficial' que se volta sobre a organização profunda (consciente ou inconsciente) para anulá-la e substituir seu encanto e a armadilha das aparências. Aparências não de todo frívolas, mas lugar de um jogo e de uma aposta, de uma paixão pelo desvio – seduzir os próprios signos é mais importante que a emergência de qualquer verdade – que a interpretação negligencia e destrói na sua busca de um sentido oculto (BAUDRILLARD, 1992, p. 62)

que a imaginação se deixa envolver pela representação imagética presente no ato de consumir e, dessa forma, subornar o desejo, considerando que não se trata de um jogo em busca de um sentido oculto, mas sim do risco e da aposta nas aparências, como uma articulação aleatória de significados que súbita e inesperadamente reúne, no símbolo, aquilo que a imaginação captou como ordem ou sentido, mesmo que provisório ou transitório.

O caráter desviante desse discurso manifesto está nas aparências, é isso que seduz e o torna sedutor. Como diz Baudrillard, o discurso latente que a interpretação procura revelar nunca seduziu ninguém. Assim, no jogo de sedução do consumo, a imaginação seduzida pelas aparências articula significados que comporão as narrativas alegóricas das trajetórias ou dos itinerários que cada indivíduo realizará nas práticas diárias de sua inserção social.

Segundo Baudrillard (1996, p. 91), "para ser puro, o signo precisa duplicar-se a si mesmo: é a duplicação do signo que leva verdadeiramente ao fim aquilo que ele designa", portanto, o indivíduo da modernidade, ao se deixar seduzir pelas aparências, deixa-se envolver por um duplo, por um espelho de duas faces, que, além de remete-lo à imediatidade de uma hiper-realidade, incita-o a uma participação lúdica no dia-a-dia, a partir dos estímulos visuais, das provocações por vezes libidinais, do incomensurável arsenal de códigos dos produtos, bens e serviços de consumo. Aspectos que tratarei a seguir.

CAPÍTULO 2

A alucinante semelhança do real consigo mesmo

Mas só o homem metaprocessa os dados e os fluidos.
Não importam as disjunções.
Sozinho, numa ilha ou numa calçada, ao teclado de um micro,
Com um lápis e papel, ou signando, de cor e cabeça,
No ar da mente e do coração, poderá processar,
Julgar e criar informações prioritárias.
DÉCIO PIGNATARI

De acordo com Arjun Appadurai, *the world we live in today is characterized by a new role for the imagination in social life*[65]. Função que, para ser explicada, necessita do sentido da imagem, do imaginado e do imaginário, porque, além de apontar para a importância da imaginação como fato social, também revela a forma e o conteúdo de um componente-chave para se compreender o comportamento dos indivíduos nos dias de hoje e que está presente na representação imagética. Para Appadurai, a imagem, o imaginado e o imaginário, inscritos na

---

[65] O mundo em que vivemos atualmente é caracterizado por um novo padrão de imaginação na vida social.

tradição do pensamento ocidental, desde as representações coletivas de E. Durkheim até as formulações da Escola de Frankfurt sobre as imagens mecanicamente produzidas da Revolução Industrial, acrescidas do complexo da mídia moderna, são termos que indicam algo de inusitado e crítico acontecendo no processo cultural global,

> [...] não mera fantasia (ópio para as massas cujo mundo real está em outro lugar), não mais simples fuga (de um mundo definido principalmente por propósitos e estruturas mais concretas), não mais passatempo da elite (pouco relevante para a vida das pessoas comuns), e não mais mera contemplação (irrelevante para novas formas de desejo e subjetividade), a imaginação tornou-se um campo organizado de práticas sociais, uma forma de trabalho (no duplo sentido de labuta e práticas culturalmente organizadas) e uma forma de negociação entre lugares/locais de representação (individuais) e campos de possibilidades definidos globalmente.[66] (APADDURAI, 1996, p. 31.)

A análise de Appudarai tematiza certos fatos culturais para, assim, compreender o processo de modernização do ocidente como fato e como teoria. Subjacente a essa discussão, o autor desenvolve uma "teoria da ruptura" (1996, p. 3), que toma a mídia e os movimentos migratórios como dois dos seus principais sinais diacríticos, explorando o efeito de sua conjugação no **trabalho da imaginação** como traço constitutivo da subjetividade moderna. Seu debate permite avaliar as relações entre o indivíduo e o consumo para além das teorias econômicas neoclássicas do século passado, e não como a mera rota para a obtenção de bens e serviços, ou como uma opção terminal na escalada da ascensão social. Assim, propõe uma perspectiva teórica em que reconhece o consumo como relacionado às práticas diárias da repetição - "Como uma apresentação geral da economia cultural o consumo deve e cai no modelo de repetição, um hábito [...], o consumo se torna um hábito através da repetição" (APPUDARAI, 2000, p. 67)[67] - e, ao mesmo tempo, a imaginação e a mídia eletrônica como centrais nas estratégias de identificação dos indivíduos na modernidade.

---

[66] *"No longer mere fantasy (opium for the masses whose real work is elsewhere), no longer simple escape (from a world defined principally by more concrete purposes and structures), no longer elite pastime (thus not relevant to the lives of ordinary people), and no longer mere contemplation (irrelevant for new forms of desire and subjectivity), the imagination has become and organized field of social practices, a form of work (in the sense of both labor and culturally organized practice), and a form of negotiation between sites of agency (individuals) and globally defined fields of possibility."*

[67] *"As a general feature of the cultural economy, consumption must and does fall into the mode of repetition, of habituation. [...] consumption leans toward habituation through repetition".*

A complexidade da modernidade, estreitamente relacionada a certas disjunções entre a economia, a cultura e a política, segundo Appudarai, devem ser exploradas mediante o estudo de cinco dimensões de fluxos da cultura global, identificadas como estratégias de sobrevivência e traduzidas na idéia de cenários que se compõem, justapõem e contrapõem:

> Por *ethnoscape*, entendo o cenário de pessoas que constituem o mundo em transformação no qual vivemos: turistas, imigrantes, refugiados, exilados, trabalhadores convidados e outros grupos e indivíduos que se movem constituindo uma feição essencial do mundo e que parecem afetar as políticas entre as nações para um imprecedente nível percebido até agora.

> Por *technoscape*, entendo a configuração global, também sempre fluida da tecnologia e o fato que tecnologia, tanto alta quanto baixa, ambas mecânicas e informativas, agora se movem a altas velocidades através dos vários tipos de limites previamente impermeáveis.

> [...] *Financescapes*, entendo como a disposição do capital global que é agora um cenário mais misterioso, rápido e difícil para se seguir do que antes, como os mercados de câmbio, bolsa de valores e commodities especulativas.

> [...] *Mediascapes* refere-se tanto à distribuição da capacidade eletrônica para produzir e disseminar (jornais, revistas, canais de televisão e estúdios de filmagem), os quais agora são disponíveis para um crescente número de interesses públicos e privados, através do mundo e para imagens criadas por estes meios.

[...] *Ideoscape* são também concatenações de imagens, mas elas são freqüentemente político-dirigidas e têm a ver com ideologias de estados e com a contra-ideologia de movimentos explicitamente orientados para capturar o poder estatal ou um pedaço dele[68] (APPUDARAI, 2000, p. 34-36). [tradução e grifos meus]

As cinco dimensões mencionadas por Appudarai - *ethnoscape, technoscape, financescapes, mediascapes* e *ideoscapes* -, que, para efeito de análise, chamarei de 'imagens cênicas', oferecem o escopo para a configuração da irregular e fluida dinâmica da cultura global, numa perspectiva que reúne 'construtos' teóricos influenciados pela situação histórica, lingüística e política de diferentes classes de atores, sendo o indivíduo o sentido e objetivo último do processo perspectivado do conjunto de imagens, residualmente identificado em cada uma dessas dimensões: "[...] Realmente, o ator indivíduo é o último lugar deste cenário em perspectiva, porque tais cenários são eventualmente navegados por agentes que têm experiência e que constituem grandes formações em parte do próprio senso do que os cenários oferecem" [69] (APPUDARAI, 2000, p. 33).

Cada uma dessas idéias complementa aquilo que J. Baudrillard identificou na sua conceituação de **hiper-realidade**, porque, se nele, as coisas, no que tangem ao universo da linguagem, se sucedem pelo efeito da duplicação, em Appudarai, os vários códigos de comunicação e representação, ao ganharem o espaço urbano, quer na sua particularidade local, quer na sua projeção global, revelam a possibilidade da função metalógica da imagem.

---

[68] *"By ethnoscapes, I mean the landscape of persons who constitute the shifting world in which we live: tourists, immigrants, refugees, exiles, guest workers, and other moving groups and indiviudals constitute an essential feature of the world and appear to affect the politics of (between) nations to a hitherto unprecedented degree. [...] By technoscape, I mean the global configuration, also ever fluid, of technology and the fact that technology, both hig and low, both mechanical and informational, now moves at high speeds across various kinds of previously impervious boundaries. [...] financescapes, as the disposition of global capital (that is) now a more mysterious, rapid, and difficult landscape to follow than ever before, as currency markets, national stock exchanges, and commodity speculations [...] mediascapes, refer both to the distribution of the eletronic capabilities to produce and disseminate (newspaper, magazines, television stations, and film-production studios) which are now available to a growing number of private and public interests throughtout the world, and to the images created by these media. [...] ideoscapes are also concatenations of images, but they are often directly political have to do with the ideologies of states and the counterideologies of movements explicitly oriented to capturing state power or a piece of it."*

[69] *"[...] Indeed, the individual actor is the last locus of this perspectival set of landscapes, for these landscapes are eventually navigated by agents who both experience and constitute larger formations, in part from their own sense of what these landscapes offer."*

Em outras palavras, a imagem na modernidade, dada sua condição de ser plena e positiva na sua figuração, ignora o enunciado negativo – que, no sentido de uma não-imagem, pode ser indicado, porém, não mostrado. Desse modo, para descobrir os pontos cegos, é preciso deslocar a visão e, assim, poder decifrar a minuciosa duplicação do real por intermédio de outro meio reprodutivo – publicidade, fotografia, televisão, cinema etc. -, no esforço de simulação (Baudrillard) que as 'imagens cênicas' (Appudarai) captam do processo fluido, volátil, efêmero, do olhar consumidor e consumista, aprisionado na visão do vaivém do *zapping* televisivo, das vitrines, dos *sites*, dos outdoors, dos *videogames*, dos flashes de notícias e mensagens de *e-mail*.

A imagem, do ponto de vista técnico, procede por justaposição e adição, isto é, opera sobre um único plano de realidade, sem a possibilidade de uma metatransposição, e, captada pelo pensamento, é traduzida como um mosaico, sem os diferentes relevos de uma sintaxe. No entanto, quando Appudarai sugere a insurgência dessas 'imagens cênicas', vai ao encontro da "sedução singular em que todo olhar lançado ao objeto é interceptado pela difração infinita deste em si mesmo" (BAUDRILLARD, 1996, p. 95), oferecendo a condição teórica para aproximar o que a positividade do signo imagético pretendeu expurgar do objeto: a acessibilidade do inconsciente.

2.1 OS OBJETOS 'ME' PERCEBEM: O JOGO DÚBIO E AMBIVALENTE DA HIPER-REALIDADE

A imagem, pela sua *signatura* como relevo e perspectiva, dançando nas metáforas, permite ao indivíduo corromper sua própria natureza imediatista e, assim, por meio da representação imagética, no processo de **negociação**, como estratégia fatal em relação à vida cotidiana, engendrar uma trajetória, uma narrativa alegórica, para encontrar um lugar de referência.

Uma das razões dessa incontornável aproximação é o fato de o indivíduo ser, sim, o agente do desejo, porém, o objeto (produtos, bens e serviços) ser aquilo ou aquele que pode seduzir. Como o jogo da sedução é sempre dual e não se pode jogá-lo sozinho, há uma estranheza tensionada entre o indivíduo e os produtos, bens e serviços, que é captada pela representação imagética, ora como duplicação, ora como o desvio que desloca seu sentido, deslocando a visão.

Consumir é aceitar participar do jogo de sedução provocado pelas imagens, é deixar-se capturar pelo enigma inteligível, porém, de impossível revelação, porque, apesar de ter suas regras, condição de qualquer jogo, sustenta-se na leveza dos artifícios e na dinâmica ritualizada dos hábitos e práticas que opõem o indivíduo e os objetos de seu desejo. Trata-se de um enigma que não pretende uma solução ou algo que seria esperado de um jogo, porque seu objetivo não é a dissolução das intenções do indivíduo no ato de consumir, mas o processo constante e permanente de diferenciação do indivíduo vitimado pelo seu próprio desejo na busca da sua própria imagem.

De acordo com Baudrillard (1996, p. 91), "para ser puro, o signo precisa duplicar-se a si mesmo: é a duplicação do signo que leva verdadeiramente ao fim aquilo que ele designa", e a representação imagética potencializa essa capacidade sígnica. A imagem, em contraposição à linguagem verbal, contém a capacidade inaudível e impronunciável de poder e dever ser interpretada, mas não poder ser lida. Qualquer imagem pode ser falada, comentada, descrita, mas a imagem em si mesma é prisioneira de um mutismo somente libertado por aquele que a vê, a observa, a olha, a **namora**. Nesse sentido, a particularidade de sua manifestação representa uma polissemia inesgotável, pois, uma imagem é sempre enigmática, sempre capaz de versões potenciais de interpretação, por isso é o elemento-chave no ato de consumir.

A imagem resgata para o indivíduo sua subjetividade na relação com o objeto, desde as possibilidades contidas no sonho até aquelas projetadas pela imaginação e consubstanciadas nas obras de arte. No consumo, os objetos estão referidos a produtos, bens e serviços, porém, tendo em vista o contexto das imagens cênicas descritas por Appudarai, toda a tensão entre o indivíduo e esses 'objetos' de consumo está projetada na direção da forma aleatória e potencializada da representação imagética.

Logo, não é o objeto em si nem a imagem em si que contêm a possibilidade desviante do jogo sedutor e enigmático do consumo, mas sim "o fato de (este) possuir um sentido", articulado a uma totalidade virtual impregnada de substância significante – por meio da representação imagética -, assimilada de modo reversível e irreversível no ato de consumir. Reversível, porque é condicionada pelo determinismo imediato da consumação concretizada no ato de consumo - se reverte no objeto de consumo -, e simultaneamente irreversível, porque deriva de um contexto permeado de incertezas e pela complexidade das 'imagens cênicas' mencionadas acima, ou seja, está livre de determinações.

100 CAPÍTULO 2

Assim, porque representa o objeto tornado signo, é a imagem que estabelece a dinâmica do jogo de sedução enigmático travado entre o indivíduo e os objetos de consumo, e como numa brincadeira de esconde-esconde, nele se trava a possibilidade do desvio da visão, do deslocamento do desejo, eclipsando a subjetividade na dupla acepção do consumar-se e do consumir-se.

Como o consumo "é uma atividade de manipulação sistemática de signos" (BAUDRILLARD, 1989, p. 206) e considerando que é factível ao objeto de consumo ser camuflado pelo signo[70], a necessidade da estratégia e dos diferentes modos de negociação entre o indivíduo e os objetos de consumo também aqui se impõe. A linguagem das artes, da literatura, da música, do cinema e da fotografia pode revelar os indícios sobre as disjunções e conjunções desse processo, porém, a representação imagética, porque está contaminada pelas imagens cênicas, mais amplas e mais abrangentes, constitui uma totalidade virtual de todos os objetos e formas de comunicação da modernidade. Uma totalidade que, apesar de ser reveladora do sentido emanado do ato de consumir, escapa ao seu controle, porque, embora sua exterioridade seja arbitrária, essa totalidade da representação imagética, na relação com o indivíduo e os objetos de consumo, é também transitória, portanto, está intensamente preenchida com a interioridade advinda da dinâmica consciente ou inconsciente dessa relação.

Condição propícia para o estabelecimento de uma zona (ou um espaço) de comunicação, em que a imagem, o imaginado e o imaginário podem definir alguns dos seus vetores, desde os limites dos variados estímulos sensoriais até os sistemas e modelos de alto grau de percepção sensível, como o das redes telemáticas.

Desse modo, por meio da representação imagética, o objeto quase que desaparece, permanecendo a relação com o sentido criado por essa representação. Basta lembrar as notícias divulgadas nos meios televisivos, em que já não importa a realidade dos fatos, mas a impressionante concretude das imagens. Só que a imagem, pela pura objetividade do olhar, ao buscar o esvaziamento do real com a pretensão de extirpar toda a subjetividade, suscita as variáveis aleatórias da livre interpretação vinculadas à percepção do objeto, aberta, desse modo, para uma nova forma de representação.

---

[70] Porque, como diz Baudrillard (1995, p. 23), "a prática dos signos é sempre ambivalente, tem sempre como esconjurar, no duplo sentido do termo: fazer surgir para captar por signos (as forças, o real, a felicidade, etc.) e evocar algo para o negar e recalcar".

Trata-se de uma fórmula gerativa, que escapa à repetição ou à reprodução pura, estabilizando o código (visual) na sua difração infinita, na inflexão de vários e simultâneos sentidos, introduzindo um domínio de segunda ordem da hiper-realidade, porque não se trata apenas "do que é sempre já reproduzido" (BAUDRILLARD, 1996, p. 96), mas sim de um simulacro que se preserva no distanciamento abstrato do signo, portanto, passível de muitas significações, daí ser depositário do imaginado e do imaginário, que contêm os resíduos da subjetividade contemporânea.

A mística do objeto de consumo está apoiada nessa possibilidade intangível da representação imagética. A imagem, o imaginado e o imaginário, na modernidade, subsumem uma classe específica de linguagens alegóricas, algumas delas traduzidas em metáforas cotidianas que, embora pretendam revelar uma certa positividade, na maior parte das vezes são portadoras de uma certa ambigüidade, porque agem como referenciais da percepção subliminar, revelada, entre outras combinações, na composição reduzida ou ampliada de qualquer imagem (trucagem) na montagem de cenas projetivas - nesse sentido, imaginativas - no cenário presente e futuro decantado pelas várias linguagens da subjetividade, na hipóstase da realidade à luz dos modelos e sistemas de interpretação sígnica existentes.

Então, o que há para se dizer, deve contemplar e deixar-se confrontar com os dilemas da perspectiva e da representação na modernidade, para, assim, visualizar o modo como a identidade está sendo proposta ou reconstruída em uma outra configuração, com base em projetos étnicos, sociais, culturais, políticos e econômicos, considerando-se principalmente a qualidade do agrupamento constante das novas localizações geográficas e imaginárias à disposição do indivíduo das grandes metrópoles. Trata-se de um projeto de sobrevivência, como a luta da mosca contra o vidro, tomando distância e enfrentando o vidro, para novamente se chocar, porque este não se apresenta à visão como um obstáculo, mas como caminho, e, assim, depois de inúmeras tentativas (quem sabe?) encontra a fresta sem o vidro e o vôo livre. O estímulo vem da possibilidade ou esperança de encontrar a saída.

Essa luta é sempre um processo interativo a que as novas tecnologias se ajustam com bastante propriedade, aspecto que será mais bem debatido no capítulo seguinte, mas que, aqui, revelam uma estreita relação com os fluxos culturais transnacionais, favorecendo o processo de *desterritorialização*[71]. A razão para tal é de dupla natureza: uma, relacionada à produção e representação da imagem; e outra, relativa à dinâmica da cultura e sua reprodução, considerando-se os vínculos entre o espaço geográfico, no caso desta análise, dirigido à vivência cosmopolita das grandes metrópoles e à urdidura da estabilidade das redes de relações sociais e identitárias.

2.2 A VISÃO ABISSAL:
NÓS SOMOS QUEM NÓS VEMOS, QUANDO VEMOS

Na modernidade, o indivíduo é presa fácil das artimanhas da tecnologia visual. Em parte, porque sua suscetibilidade está mais desperta, mais propensa para os apelos altamente estimulativos da percepção visual; em parte, porque está imerso numa **ecologia visual** (CANEVACCI, 1990, p. 10), cujas matrizes principais, como a própria dimensão da comunicação, indicam a complexidade da produção, reprodução e saturação das imagens presentes na sua vida.

As "máquinas de visão" (VIRILIO, 1994), partes integrantes do emaranhado eletrônico que difunde as informações, propagam os produtos e disponibilizam os serviços, compõem a teia em que o indivíduo encontra o *mix* dos objetos de consumo que lhe exigem o deslocamento do olhar para poder discernir entre as imagens cênicas reais e as ficcionais. Esse esforço faz parte do jogo e, ao mesmo tempo, é um álibi.

A necessidade do deslocamento se dá em função da estimulação visual. Porém, em relação ao consumo, a polaridade da imagem entre a representação visual e a imaginação mental[72] se funde, porque no centro desse movimento está a **mercadoria**, ou seja, na ordem da produção e representação, as necessidades, as carências e sentimentos, a cultura, o conhecimento, enfim, todas as potencialidades humanas, encontram-se integradas como mercadoria na ordem da produção e estão materializadas em forças produtivas para serem trocadas, vendidas, disponibilizadas. Em outras palavras, como diz Baudrillard (1989, p.

---

[71] Trata-se de um neologismo próximo ao sentido da expressão em francês *dépaysement* e em inglês *deterritorialization*.

[72] "O conceito de imagem se divide num campo semântico determinado por dois pólos opostos. Um descreve a imagem direta perceptível ou até mesmo existente. O outro contém a imagem mental simples, que, na ausência de estímulos visuais, pode ser evocada. (SANTAELLA e NÖTH, 1997, p. 36).

207), "hoje em dia todos os desejos, os projetos, as exigências, todas as paixões e todas as relações se abstratizam (e se materializam) em signos para serem compradas e consumidas".

Assim, mais do que nunca, os objetos de consumo possuem uma **veracidade** que depende, sem dúvida, do movimento do olhar, quer para pressentir e sentir o objeto com o máximo de clareza, quer para testemunhar a ocorrência de um evento – o ato de consumir -, que, como parte do **social**, é referência local e situacional que deve oferecer um indício de quem o indivíduo é.

O álibi orquestrado pelo indivíduo, nesse jogo de sedução, é simultaneamente um exercício de *feed-back*, no sentido de retroalimentação apontado por Morin et al (2001b, p. 95)[73], em que o efeito retorna sobre aquilo que o desencadeou - na forma da novidade - e um perambular constante por entre as imagens, tornadas mercadoria na leveza formal e abstrata do signo - na forma do valor.

É essa tensão que gera a dinâmica do que Lipovetsky (1989, p. 19) chamou de "processo sistemático de personalização"[74] e que confere ao indivíduo a possibilidade de compor suas trajetórias de acordo com os próprios desejos. Entretanto, como esses se apresentam, na maior parte do tempo, 'camuflados' pelo caráter desviante das imagens, a formulação das rotas de identificação se assemelha a *scripts* que visam a eliminar a estranheza decorrente da **liberdade da incerteza** (BAUMAN, 1998, p. 37).

Em outras palavras, o leque de opções amplia-se em face da abundância de objetos de consumo disponíveis e também da multiplicidade de fórmulas alternativas para usufruir os serviços da cidade, do lazer, dos tratamentos terapêuticos, dos programas de formação e das tecnologias. Ambiente favorável para o estímulo à espontaneidade, às potencialidades da autonomia mental, à gestão da saúde em nome da qualidade de vida, à emancipação do *feeling*. No entanto, contraditoriamente, a lógica dessa socialização flexível e aberta a todas as possibilidades pode prescindir da linguagem verbal (à exceção da literatura e da po-

---

[73] "O princípio do circuito recursivo ultrapassa a noção de regulação com as de autoprodução e auto-organização. É um circuito gerador em que os produtos e os efeitos são, eles mesmos, produtores e causadores daquilo que os produz."

[74] "A sedução nada tem a ver com a representação falsa e com a alienação das consciências; é ela que configura o nosso mundo e o remodela segundo um processo sistemático de personalização cuja obra consiste essencialmente em multiplicar e diversificar a oferta, em propor mais para que nós decidamos mais, em substituir a coação uniforme pela livre escolha, a homogeneidade pela pluralidade, a austeridade pela realização dos desejos."

esia), mas se apóia incondicionalmente na linguagem visual (artística ou não), cujo efeito mágico e sedutor desvia o indivíduo do cerne do seu desejo, eclipsando sua subjetividade à luz de diferenças que necessitam ser obscurecidas; as distinções que permitiriam a urdidura de um tecido social e psicológico mais definido e, nesse sentido, mais seguro para o indivíduo, considerando-se as características ambivalentes da vida nas grandes metrópoles, obliteram-se no cenário de um espaço neutralizado, homogeneizado, da indiferença e segregação dos vários guetos, cujo único sinal distintivo é o do signo visual – a representação imagética.

A **personalização multiforme**, da qual fala Lipovetsky (1989, p. 23),

> asseptiza o vocabulário como o coração das cidades, os centros comerciais e a morte. Tudo o que exibe uma conotação de inferioridade, de deformidade, de passividade, de agressividade, deve desaparecer em proveito de uma linguagem diáfana, neutra e objetiva – tal é o último estágio das sociedades individualistas.

Um tal aplanamento semântico ajuda a estruturar uma lógica que dá sustentação ao velamento de algumas distinções fundamentais na construção da identidade. Porém, a diluição dessas fronteiras é justamente a condição para que se possa ter, na modernidade, alguma identidade.

Ou, conforme Bauman (1998, p. 37),

> L'ipséité, essa diferença que coloca o eu separado do não-eu e 'nós' separados 'd'eles', já não é apresentada pela forma preordenada do mundo, nem por um comando vindo das alturas. Ela precisa ser construída e reconstruída, e construída uma vez mais, e de novo reconstruída, nos dois lados ao mesmo tempo, nenhum dos lados se gabando de maior durabilidade ou exatamente da 'gratuidade', do que o outro. Os estranhos de hoje são subprodutos, mas também os meios de produção no incessante, porque jamais conclusivo, processo de construção da identidade.

A questão da relação com os estranhos tematizada por Bauman será retomada mais adiante.

O processo se desenvolve no jogo de ambivalências, em cujo cerne estão a **novidade** e o **valor**. A novidade, como a mola propulsora da geração de novas e renovadas imagens; o valor, como vítima do sentido das coisas no ambiente mercadológico, em que o auge de sua coerência, na relação entre os objetos de consumo e o indivíduo, está próximo do abismo que confronta os signos duplicados à exaustão no código visual, a exemplo dos quadros de Andy Warhol, porque todo o sistema (econômico, cultural, social, político) é o regente, vinculando e desvinculando a reversibilidade ou irreversibilidade simbólica das coisas.

Esse efeito traduz um certo paroxismo, porque, se é o objeto que carrega o sentido, sua duplicação, que de certo modo aplaina sua dimensão sintagmática, anulando as diferenças entre a sintaxe e a semântica das relações entre as imagens e o indivíduo, pode ofuscar a força e a intensidade com que a representação imagética incide sobre as coisas; ao mesmo tempo em que a visão é ampliada, pode cegar. Trata-se, então, de um desvelamento que impede de ver, uma visão que deslumbra, apaixona, seduz, e que eclipsa o objeto do desejo.

Esse poder, influenciando corporalmente o indivíduo, transcendendo seus limites individuais ao extravasar-se na cartografia de uma imagem desse indivíduo como habitante do ciberespaço, encantado com a multimídia, circundado pela informatização crescente da vida cotidiana e sendo penetrado pela engenharia genética e pela nanotecnologia, que perscruta cada célula e cada microrganismo, só pode se deparar com uma subjetividade que demanda ser compreendida no fluxo inconstante e avassalador das conjunções e disjunções dos sistemas socioeconômicos, ambientais e 'informacionais', em que a representação imagética presente na relação com o consumo é apenas um dos indícios. É essa relação a ser investigada no próximo capítulo.

CAPÍTULO 3

Tecnologia e cultura visual: o ruído dos olhos

Estamos num universo entregue ao ruído
e num mundo que contém acontecimentos
que somos incapazes de decifrar.
Graças à redundância, quer dizer,
a toda estrutura de conhecimentos
adquiridos de antemão,
podemos extrair uma informação
do barulho que nos chega.
Edgar Morin

O círculo de êxtases encantados que vai dos objetos de consumo à imaginação do indivíduo-consumidor é um palimpsesto da ecologia visual da modernidade.

As difrações em que se perde o olhar do indivíduo, contaminando todos os demais sentidos e seu próprio corpo, é um emaranhado de redes sígnicas por meio do agenciamento inesgotável de potencialidades entre o visível e o vidente.

Apesar de as "estratégias fatais" de Baudrillard (1999, p. 9) apontarem para um "universo [que] está condenado aos extremos, e não ao equilíbrio", indicando a necessidade de enfrentar esses extremos com o que parece ser o seu antídoto[75], o fato de o indivíduo estar irremediavelmente enredado nas imagens cênicas do *video-scape* e/ou *visual-scape* mencionados por Cavennacci (1990)[76], e, simultaneamente, ter sua vida caracterizada pela experiência do deslocamento (espacial e temporal), da fruição (de si mesmo e do conhecimento) e da interseção (elos de significação presentes no ato de consumir), obriga à leitura e interpretação dos eventos sociais e culturais à luz da simultaneidade, da interatividade e do inextricável emaranhado de novas e cotidianas maneiras de ser, em que a condição do equilíbrio é dada pelo constante jogo de tensões que configuraram e persistem nas relações entre os vários seres vivos e o mundo, exigindo sua análise com base na complexidade.

Portanto, o que emerge do estatuto especular das aparências e dos simulacros sedutores dos objetos de consumo representados nas imagens deve ser lido por meio da inserção e pertinência do indivíduo em uma rede bastante diversificada de interações e retroações naturais e artificiais, em que a tecnologia e seus diferentes artefatos, bem como o sistema comunicativo e suas diferentes linguagens e formas, são extensões, prolongamentos, aplicações, imitações e produções resultantes do imbricado processo 'turbilhoante' da vida na modernidade. Deter-se na análise dessas relações, ou pelo menos em parte delas, é uma tentativa para compreender o indivíduo que, no dizer de Edgard de Assis Carvalho (1999, p. 108)[77],

> [...] é 'sujeito' na medida em que faz referência a si, e a não-si, reorganiza o ecossistema que o rodeia, produz autopolesis, num movimento

---

[75] "Ao mais verdadeiro do que o verdadeiro, oporemos o mais falso do que o falso Não oporemos o belo e o feio, procuraremos o mais feio do que o feio: o monstruoso. Não oporemos o visível ao oculto, procuraremos o mais oculto que o oculto: o segredo.
Não procuraremos a mudança e não oporemos o fixo e o móvel, procuraremos o mais móvel do que o móvel: a metamorfose... Não distinguiremos o verdadeiro do falso, procuraremos o mais falso do que o falso: a ilusão e a aparência" (BAUDRILLARD, 1999, p. 9).

[76] "[...] por *video-scape* entende-se o panorama virtual tecnicamente reprodutível, criado pela proliferação dos signos eletrônicos por unidade de imagem sobre as telas de TV ou de cinema, e que se expande irresistivelmente nos corpos multinacionais e multiéticos da audience, nos territórios comportamentais e no traçado urbano. O resultado é um *visual-scape* que se manifesta como irreprodutível, cuja comunicação era ligada à aura temporal (*hic et nunc*), e que agora está restrita a 'aprender pelo *video-scape*', a replicar suas inovações, a revestir os seus códigos, a multiplicar *mini* e *maxidisplay* (dos distintivos às insígnias)."

[77] Pena-Vega, A. - Pinheiro do Nascimento, E. (orgs.) - in: O Pensar Complexo - Edgar Morin e a Crise da Modernidade. RJ. Garamond, 1999.

organizatório recursivo no qual causas e efeitos interagem mutuamente, impulsionando o sistema para direções indeterminadas, porque o jogo entre indivíduo/espécie e espécie/natureza não é nunca linear e definitivo, mas sempre aleatório inintencional.

No imaginário do Ocidente, a tecnologia esteve, na maioria das vezes, referida a um *aliens* ameaçador à natureza humana, quer no sentido mesmo da alienação, quer no da desumanização. O vasto repertório da literatura e do cinema permite estabelecer muitas das intensidades e variações dessa concepção. No entanto, como diz Dyson (1998, p. 21), "é comum que as tecnologias vitoriosas comecem como passatempos", isto é, o espírito *ludens* do ser humano, presente nas suas invenções, tem sido ao longo dos anos um *leitmotiv* para escapar da monotonia de suas atividades rotineiras. Consumir também é uma forma de diversão e associada às inventividades da tecnologia faz do leque de escolhas à disposição do indivíduo um exercício lúdico de interatividade.

Embora ainda persistam resistências de alguns em relação à importância e à interferência da tecnologia nas sociedades e no mundo, é fundamental a compreensão de sua mediação na relação do indivíduo com a vida, principalmente nas grandes metrópoles, para daí se depreender alguns aspectos da lógica que orienta os desejos relativos ao consumo, entre esses, o da comunicação visual.

3.1 FRUIÇÃO DAS IMAGENS: FORMAS EM CONSTANTE DEVIR

O desejo, dito de modo corriqueiro[78], é uma intenção antecipada, sustentada pelo vaivém do olhar sobre o cenário ambivalente, desconexo e inconstante do mundo. Essas antecipações têm, no seu núcleo, uma tensão contínua entre o conhecimento e o reconhecimento do objeto do desejo com base nas diferentes lentes emocionais e afetivas com que se capta sua representação simbólica.

No que diz respeito ao consumo, a dinâmica dessa tensão é regida, de um lado, pela comunicação visual e, de outro, pela manifestação de algo no indiví-

---

[78] O desejo, portanto, sendo compreendido à luz da afirmação de Maria Rita Kehl (1990, p. 363): "Do ponto de vista do modo corriqueiro como vivemos e expressamos nossa condição de desejantes, o lugar dos objetos do desejo é a realidade, ou melhor, o campo das representações da realidade, que podemos falar não O desejo, mas do desejo, desviado de seus fins primários, obscuros para o sujeito, em direção a objetos secundários que aparecem para a consciência como objetos possíveis cujo alcance depende pelo menos em parte de nossa ação voluntária, consciente."

duo que ele entende e/ou interpreta como correspondendo ao que precisa ou mesmo inconscientemente deseja.

Portanto, em um universo simbólico, o ato de consumir traduz um sentido de reconhecimento do objeto com base nas representações a ele referidas, revestido das significações do qual esse objeto é portador. Essas significações, em relação às quais o objeto está *a priori* referido, correspondem ao inteiramente outro, ao *alter* que, de algum modo, torna-se privilegiado perante o olhar do indivíduo.

Na modernidade, a relação entre o indivíduo e o objeto de consumo é intermediada pela comunicação visual 'tecnologizada', ou seja, aquela resultante das conquistas da eletrônica e da informática e que disponibilizam sistemas de alta sofisticação e alta densidade de informações, geradora de imagens sínteses, não apenas produzidas pelo olho mecânico de uma câmera fotográfica ou de vídeo, mas também pelas combinações digitalizadas capazes de processar infinitamente as possibilidades do diálogo entre o indivíduo e a máquina.

A complexidade das conexões geradora dessas formas, cada vez mais, representará um enigma e a indicação de que a interlocução do indivíduo com os objetos do seu desejo é um diálogo entre suas representações mentais e algo que se opõe a ele alienadamente. Trata-se de um modo de estranhamento a ser superado no ato de consumir.

A fruição decorre, então, do constante deslocamento que o indivíduo deve realizar para absorver o distanciamento entre ele e os objetos. Esse deslocamento se processa na mente por meio dos estímulos visuais e se sintetiza na interseção imaginária dentro do código que privilegia esse ou aquele objeto para o olhar do indivíduo.

Qualquer pessoa respaldada pela certeza de que um determinado objeto de consumo está disponível pode desejar consumi-lo, mesmo que inconscientemente esteja se referindo a algo sobre o qual imagina ter alguma idéia ou saber as sensações de satisfação em experimentá-lo, saboreá-lo, ainda que esse 'conhecimento' seja apenas o mínimo para poder desejá-lo. A busca é pelo reconhecimento de algo que corresponda às características daquilo que foi imaginado, ou que está mentalmente representado.

É esse olhar que viaja pelos objetos de consumo, num *travelling* que serve também para localizá-lo em meio ao estranhamento das coisas, como um auto-reconhecimento de sua posição em um meio adverso, cuja discriminação, separação e distância relativamente a si próprio, simultaneamente, explicariam sua relação com o mundo em volta, sendo seu ponto de vista o imbricamento com um mundo alheio e exterior.

Quando o indivíduo finalmente tem acesso ao objeto desejado, é como se fosse uma experiência de reencontro, em que reconhece, antecipadamente ao ato de consumir, aquilo que foi **vivenciado** como expectativa, e, desse modo, poder constatar que encontrou exatamente o que buscava resultando uma experiência prazerosa. Há sempre o risco de não reconhecer, no objeto de consumo, o que foi previamente idealizado, quando então experimenta uma espécie de 'melancolia do objeto', o que será debatido mais adiante.

A comunicação visual cumpre com cada vez maior intensidade o papel de promover as imagens e/ou representações mentais visando às sensações antecipatórias que possam levar o indivíduo a encontrar exatamente o que procura e fazer com que ele simplesmente não perceba nada que contrarie a imagem preconcebida e que, de fato, corresponda aos objetos dos seus sonhos.

Um dos objetivos desse direcionamento é fazer com que o indivíduo siga desejando e que o ato de consumir seja a prática e o *locus* incansável da repetição. Nessa relação, a estranheza, o alheamento e a distância entre ele e os objetos não representam um estreitamento do seu mundo, mas, ao contrário, sua expansão. Todavia, dada a complexidade do universo e da presença da comunicação visual no seu cotidiano, o indivíduo experimenta a vertigem da estruturação, em que se aprofunda o desejo de continuar desejando, em uma incansável busca pela afirmação da identidade que almeja o(s) enunciado(s) ou a(s) narrativa(s) que indique(m) as possibilidades da afirmação de um significante que possa lhe corresponder.

Na cultura visual das redes, as comunicações que se processam demandam um pensamento não-linear, capaz de explorar diferentes e múltiplos *links*, interagindo com as diversas interfaces das janelas do ciberespaço. Os objetos do consumo são permeados pela volatilidade dessas novas formas de comunicação; quanto mais a percepção desses objetos permite ao indivíduo o reconhecimento do seu desejo, contraditoriamente, mais desviante torna-se o acesso ao desejo original, para que assim possa continuar eternamente desejando. Esse processo se dá pela identificação que esses objetos têm na sua representação, ou seja, na sua significação simbólica para esse ou aquele indivíduo, minimamente sustentado por aquilo que ele pretende encontrar como satisfação de seu desejo, e, desse modo, porque ainda não é plenamente o preenchimento do mesmo, é uma razão ou um indício para que continue desejando.

A satisfação ou a frustração decorrente do ato de consumir é um exercício constante do confronto do indivíduo consigo mesmo e com suas carências, necessidades e desejos, obrigando-o a enfrentar as razões de sua escolha ou de suas ações e, assim, conscientizar-se de seu desejo ou não.

Ou, como diz Kehl (1990, p. 369),

> Seguir desejante é assim, para o sujeito, ao mesmo tempo condenação, signo de sua expulsão do paraíso, e condição de sua existência, já que não desejar o remeteria à situação primitiva de não ser sujeito, indiferenciação anterior a esta separação inaugural que nos faz sujeitos de uma história pessoal e intransferível.

Em outras palavras, a comunicação visual apoiada em redes telemáticas torna o objeto de consumo naquilo que permitirá ao indivíduo, de algum modo, redimir-se de não poder satisfazer por completo aquilo que, na essência, deseja, porque sua plena realização é impossível, pois que a insatisfação real e necessária é condição de sua existência. Essa redenção é também um modo de sobreviver ao medo da perda da identidade diante da multiplicidade incontrolável de eventos, e do sentimento de angústia provocado pela incidência dos dados não organizados dos sentidos estimulados, em primeiro plano, por processos de coexistência de espaços reais e virtuais, pela sincronicidade de ações humanas e não humanas (como as operações dos robôs) e, num segundo plano, pelas novas formas de interação entre humanos, plantas, animais e máquinas, e do multiforme dilúvio de informações, face a um mundo cada vez mais virtualizado.

A prevalência da tensão entre o indivíduo, seu desejo e os objetos de consumo, pode levar a um certo hermetismo da sua natureza interior em relação ao mundo exterior, inviabilizando um diálogo comunicativo. Entretanto, como o sistema de produção não pode permitir a estagnação ou mesmo a redução da circulação das mercadorias, a comunicação visual com suas renováveis aparelhagens assume a função de preencher as brechas decorrentes da ausência de um ponto de referência estável e permanente – para o bem e para o mal.

A comunicação visual, plena de interfaces, se encarregará de compor a narrativa alegórica desse indivíduo da modernidade, em uma espécie de espelho que radiografa, esquadrinha, escarafuncha, detalha, perscruta, num reflexo magistral, a duplicação – portanto, o signo - e a imagem inteligível dessa identidade.

A interface, termo que passou a ser usual no domínio das tecnologias visuais e entendido como característica importante da comunicação na modernidade, só pode ser pensada como um todo e por meio de sua generalidade, o que significa encarar a principal tendência, nesse domínio, isto é a digitalização, que afeta todas as técnicas de comunicação e do processamento de informações.

Como diz Levy (1993, p. 102-103),

> A codificação digital já é um princípio de interface. Compomos com bits as imagens, textos, sons, agenciamentos nos quais imbricamos nosso pensamento ou nossos sentidos. O suporte da informação torna-se infinitamente leve, móvel, maleável, inquebrável. O digital é uma matéria, se quisermos, mas uma matéria pronta a suportar as metamorfoses, todos os revestimentos, todas as deformações.

O dado comportamental presente nos sistemas interativos sociais, entre eles o consumo, sensível a essa tecnologia, é cada vez mais informado pela comunicação visual em que som e imagem se ajustam aos **pólos funcionais** (P. LEVY) da rede digital, que funcionam como complexos sistemas de interfaces, em substituição aos suportes compactados e distintos do rádio, da televisão, da imprensa, do cinema e assim por diante.

O caráter mutante e mutável dessa tecnologia, extremamente moldável ao plano de incertezas que interferem na seqüência dos eventos diários, surte um efeito incomensurável sobre os estímulos e a percepção do indivíduo.

A imagem e o som, por meio da digitalização, se libertaram das amarras dos substratos materiais de comunicação de massa existentes, acarretando o desenvolvimento de um complexo tecido eletrônico, possibilitando a interconexão do cinema, do rádio, da televisão, da informática, da mídia impressa e das telecomunicações.

Esse desenvolvimento trouxe, além de uma mudança significativa no sistema produtivo, a possibilidade de outros pontos de apoio para novas tecnologias intelectuais, indicando, portanto, que a percepção sensorial e a subjetividade do indivíduo passam a planar – porque se trata de uma visão desatrelada da experiência real - sobre conteúdos e formas emaranhadas em imagens e sons que compõem novas e renovadas estruturas discursivas, em que a palavra-chave é *interface*.

A interface é um ponto de contato na rede da comunicação visual, porém, simbolicamente, também é um dos anéis dos elos de significação que permitem ao indivíduo compor a narrativa alegórica de sua identidade na modernidade. Esse anel representa uma ligação virtual entre aquilo que está no mundo exterior, com suas características naturais e artificiais, e o mundo interior do indivíduo, com a estimulação de sua percepção sensível e sua imaginação - esse mundo exterior, representando 'um não-lugar' ou um 'lugar qualquer', com alguma possibilidade de (e)vidência, e o mundo interior, representando 'algum lugar' como possibilidade do 'olhar-individual'.

Assim, a ameaça da tecnologia virtual de estabelecer irremediavelmente uma condição estrutural e generalizada de dissociação do indivíduo em relação ao mundo e, portanto, invocar uma realidade alternativa de natureza intangível - realidade que, não sendo tocada, também não toca o indivíduo - é subsumida em uma outra espécie de percepção, a **interface**. Por essa forma de contato entre o indivíduo e as coisas, o acesso aos produtos da imaginação está franqueado.

A ameaça, se existe, surge da possibilidade de esse indivíduo não ter acesso algum a qualquer forma de comunicação com o mundo exterior, no sentido de o ser humano tornar-se um corpo sem espírito, ser uma espécie de fantoche, um andróide e jamais ser um indivíduo com um olhar.

A questão crucial passa a ser então: até que ponto a percepção sensível do indivíduo pode ser digitalizada? Até que ponto uma infinidade de dispositivos materiais e de camadas de programas eletrônicos que se justapõem, se interfaceiam, se articulam, podem substituir o *pathos* que apreende o frêmito e insubstituível pulsar do corpo e da mente diante de um objeto de prazer?

Em um extremo, os objetos de consumo e, no outro, as diferentes representações da subjetividade indicam que os algoritmos da sensibilidade humana se processam de maneira extremamente complexa, de um lado, extremamente repetível e, de outro, de modo inusitado, livre do mecanicismo das formas, experimentando as várias possibilidades para modificar e mudar o corpo e, assim, estabelecer uma outra lógica entre a mente – o corpo – e o espírito.

Portanto, mesmo que a tecnologia possa formular pistas acústicas e visuais que palmilham, por meio de sinais artificiais, os ritmos biológicos e até a floração das energias mentais transformadas em sonhos ou fantasias, seu resultado jamais será exatamente semelhante de indivíduo para indivíduo. Do mesmo modo, em função dessa impossibilidade, os sortilégios do inimitável levarão o indivíduo a uma igual fruição ansiosa pela transformação do corpo e da mente para expandir sua consciência sobre si mesmo e sobre o ambiente à sua volta.

Esse processo, ainda que tenha padrões definidos e de certo modo estáveis, não é reprodutível, porque a maneira como cada um reage aos estímulos assemelha-se a um achado, a um acidente, ou, como diria Edgar Morin, a um **desvio** na ordem linear dos eventos; todo arcabouço tecnológico que poderia projetar artificialmente o corpo – seus diferentes estímulos e reações – a interfacear com o ambiente aproveita-se do acaso e, estrategicamente, compõe rotas alternativas de mobilidade e navegação, portanto, de deslocamento, do corpo e do olhar pelo mundo.

Trata-se de um processo irreversível, que diz respeito a um domínio da ação que, ao tornar o indivíduo consciente das situações desviantes, abre-lhe a possibilidade de inserir-se num contexto mais amplo de alternativas e opções, conferindo-lhe condições para negociar melhor suas escolhas.

Como afirma Morin (1995, p. 117), "o domínio da ação é muito aleatório, muito incerto. Impõe-nos uma consciência muito aguda dos imprevistos, mudanças de rumo, bifurcações e impõe-nos a reflexão sobre a sua própria complexidade".

O corpo e a mente não podem dar conta da complexidade e qualidade de imagens e informações que a modernidade acumulou. Não podem, porque estão, de um lado, contrafeitos e constrangidos pela precisão, velocidade e poder da tecnologia, e, de outro, porque seu equipamento biológico, inevitavelmente 'programado' para uma morte certa e sempre iminente, intensificada pelas condições de vida nas grandes metrópoles, é suscetível às incapacidades das mais diferentes ordens, o que leva o indivíduo a buscar indefinidamente a alteração da sua arquitetura – biológica e psicossocial - para, assim, fazer frente não só aos desafios da modernidade, mas também aos dos seus próprios desejos.

Diante disso, a miscigenação das diferentes categorias de emissão de representações do indivíduo – o operário, o autor, o artista, o produtor, o espectador, o cliente, o comprador, o governante - só faz acelerar a fecundidade de imagens que a tecnologia prolifera. E, nesse contexto, a proliferação das máquinas não está destinada a fazer ver para crer, mas a fazer ver para sobreviver.

3.2 IMAGENS PALPÁVEIS – OLHARES CARENTES

A desterritorialização da percepção é um vetor da apropriação subjetiva e material dos espaços de troca e significação da identidade individual, uma enunciação em torno da qual a subjetividade possa compor e recompor-se numa zona de hibridização em que a identidade se constitui como uma rede de interdependências.

Nas grandes metrópoles, "encontramos a solidão, o vazio, a dificuldade de sentir, de ser transportado para fora de si" (LIPOVETSKY, 1989, p. 73), portanto, se há um vazio subjetivo decorrente da sociedade de consumo, de outro lado, a abundância de opções, a redução dos quadros rígidos e coercitivos, e a possibilidade cada vez maior de escolhas e combinações sob medida, em um universo de circulação e seleção mais livres, fazem com que se apresente um contexto propício para a apropriação subjetiva e material de formas híbridas de representação, em que as tecnologias visuais, como um devir das sensações e percepções humanas, passam a ser uma interlocução privilegiada, por várias razões, entre elas, não ser apenas uma extensão ou prolongamento do indivíduo, mas a potencialização das capacidades humanas lançadas para os domínios não-verbais de sua representatividade, como, por exemplo, a arte, a arquitetura, a dança, a música, o cinema.

Entretanto, dada a complexidade do existir humano, das diferentes formas e modelos por meio dos quais o indivíduo representa sua existência e das múltiplas capacidades de escolhas e opções da vida, a subjetividade e a tecnologia devem ser pensadas com base em suas conjunções, considerando que um outro universo de agenciamentos cognitivos, sociais e ambientais são processados pela tecnologia visual, informatizada, cuja regra básica de funcionamento são os acoplamentos, as conexões, as inter-relações, as junções. Enfim, a integração de fragmentos diversos que mobilizam o corpo, a mente, a imaginação, e que impactam diretamente sobre a relação com o tempo e o espaço cotidianos.

Portanto, a **interface** e a **interatividade** se justapõem pela tecnologia visual, compondo um elo de significações que permitirá ao indivíduo o acesso simultaneamente camuflado e visível às demandas de sua subjetividade.

Com um suporte material tão fluido quanto às imagens que projeta, a tecnologia visual realiza a *imagerie* da realidade virtual como uma **visão sem olhar** (P. VIRILIO), ao mesmo tempo que oferece a sustentação para uma inigualável capacidade de apreensão e percepção dos objetos, o que só faz potencializar os desdobramentos do ponto de vista e permitir que as imagens proliferadas nos vários meios (desde a publicidade, passando pela mídia, até a arte) encontre seu registro como **duplo**, seu sentido de **sombra**, sua perspectiva de espectro, dando vazão à mutabilidade do olhar e das sensações. O jogo de espelhos das vitrines, da televisão, do cinema, das telas dos computadores e dos sites, reproduzem a tensão da presença e ausência num visível bem próximo daquilo que se apresenta como diferente, ou seja: a contemplação da alteridade.

As figurações mentais que, por meio da tecnologia visual, poderiam se comportar como um interlocutor 'estranho' - no sentido de 'estrangeiro' –, mesmo que contenham um dado enigmático, em função das características apontadas

116 CAPÍTULO 3

acima, encontram nos elementos da **interface** e da **interatividade** a síntese do ruído que pode contribuir para extrairmos alguma informação sobre a subjetividade e sua relação com os objetos do consumo.

A **interface** e a **interatividade** conectam aquilo que poderia ter-se 'separado' com o advento da cultura tecnológica, a percepção, as imagens mentais da consciência, o domínio detalhado da visão, em contraposição à experiência sensível, o domínio da apreensão táctil, da vivência corporal.

No entanto, é própria desse mundo de interconectividades a herança das trajetórias anteriores das projeções visuais do *eidolon* arcaico, delineando-se como *mainframes* sobre novas linguagens, para novas imagens mentais que perscrutam desde os espaços genéticos até os espaços siderais, na construção de novas e diferentes estruturas de compreensão da realidade, em uma apropriação retroalimentada de estímulos, inovações e desvios das mais diferentes ordens. Infovias que se aproveitam do que já existe para desconstruir o que é supérfluo e efêmero e instaurar rotas de novos horizontes sociais. Por exemplo, as redes elétricas que seguiram as malhas ferroviárias, as redes eletrônicas que acompanharam a lógica do sistema viário, e o desenvolvimento dos vários circuitos de comunicação que se interligaram aos satélites, intensificando a expansão de uma cultura tecnológica que alargou não só as fronteiras geográficas das grandes cidades, mas também os limites corporativos e sensitivos do indivíduo. Um processo contraditório de "expulsão" do indivíduo das limitações do próprio corpo e, ao mesmo tempo, de intensificação do desejo de apropriação e domínio das sensações, dos movimentos, e da interação corporal – mesmo que asséptica - com os demais indivíduos.

De um lado, como diz Tom Sherman (1997, p. 77),

> [...] o corpo, não importa quão firme, não é mais o endereço permanente que costumava ser. Estamos todos desabrigados, relativamente falando. Olhar para trás aquele corpo que ficou nos dá prazer. Mas em última instância, é só mais uma coisa que nos dá *feedback* e nos ajuda a manter nosso equilíbrio.

De outro lado, o contato é fundamental para nos localizarmos, é parte do acesso ao desconhecido, e o contato por intermédio das complexas inter-relações físicas e biológicas das percepções sensíveis torna tangível as condições e os fundamentos do visível.

Se as grandes metrópoles, no dizer de Sennett (1994, p. 24), transformaram-se em "um *locus* de poder, cujos espaços tornaram-se coerentes e completos à imagem do próprio homem" e se, nesse espaço de poder, "ordem significa justamente falta de contato", a tecnologia, no cotidiano das grandes cidades é parte de uma ecologia de indivíduos conectados por máquinas e máquinas conectadas por indivíduos. O prazer de estabelecer contato com as pessoas, os produtos, bens e serviços, por intermédio das máquinas, está diretamente relacionado ao *cocooning* **pendular**, mencionado anteriormente, em que se está sozinho sem estar sozinho.

Esse efeito provém da rede de máquinas que pressupõe uma rede de pessoas por detrás das máquinas. Um indivíduo coletivo e abstrato, de muitos olhares, muitas percepções, que se sente participante solidariamente, porque é dependente de uma solidão compartilhada, e cujo contato não é corporal, no sentido estrito do termo, mas fisiológico, porque é uma relação por meio de padrões, de referências, de diálogos intermináveis com os outros e simultaneamente consigo mesmo, sempre referente à lógica auto-remissiva dos circuitos integrados, portanto, cuja alteridade é, ao mesmo tempo, presente e ausente.

De acordo com Sennett (1994, p. 18), "a condição física do corpo em deslocamento reforça a desconexão com o espaço"; dessa maneira, "navegar pela geografia da sociedade moderna requer muito pouco esforço físico e, por isso, quase nenhuma vinculação com o que está ao redor". Porém, o modo como os corpos se vinculam só pode ser avaliado pela experiência cotidiana de cada cultura urbana, o que, sem dúvida, na modernidade permeada pela tecnologia visual e informatizada, comparativamente a outros períodos, é de outra ordem.

Ora, se em função dos deslocamentos rápidos, como afirma Sennett (1994, p. 18), "o viajante, tanto quanto o telespectador, vive uma experiência narcótica; o corpo se move passivamente, anestesiado no espaço, para destinos fragmentados e descontínuos", as várias interfaces tecnológicas, por sua vez, projetam os corpos, pelo olhar, para outros espaços físicos e mentais de interação, e a rede de conexões possibilita o vínculo de inimagináveis elos de significação, estabelecendo um outro padrão de ação e disposição corporal. Uma das conseqüências desse novo jeito de se relacionar é o fato de a tecnocultura estimular o prazer do indivíduo em libertar-se das limitações e entraves físico-corporais.

Assim, a ausência de contato decorrente do deslocamento promovido pela organização espacial das metrópoles e pelos avanços tecnológicos propicia o distanciamento não de uma concepção de relacionamento, por exemplo, dos encontros nas alamedas e praças, inclusive dos *shopping centers*, mas de um sentido da relação do indivíduo com o seu próprio corpo e dos demais e que mesmo essa não foi substituída por outra – a do contato virtual –, mas acrescida, complementada, por novas possibilidades de acesso do indivíduo ao outro e a si mesmo, em que a percepção sensível é sustentada pela visão.

Em razão dessa possibilidade, o domínio virtual é extremamente atraente, porque é simultaneamente próximo e distante, tangível e intangível, ficcional e real, sendo perfeitamente ajustável à ancestral concepção humana de finalmente conceber um mundo ou uma realidade de acordo com o desejo de ser algo que ainda não o é; e um dos modos de tornar próximo, tangível e real, o que se apresenta distante, intocável e irreal, é o consumo.

Não apenas consumo de objetos, mas consumo de imagens tornadas objetos, tornadas mercadorias, em uma expansão do **toque da visibilidade**, isto é, não apenas o contato físico e óptico, mas tambémem num sentido filosófico, os aspectos do ver, perceber, refletir, ter um **ponto de vista** ou adotar uma **perspectiva** em relação à diversidade de estimulações visuais dos objetos de consumo, revelando a intensa necessidade do contato visual e, simultaneamente, o desejo de expansão dos limites da imaginação visual pela proliferação das **imagens cênicas**.

Um processo que, de maneira inevitável, conduz ao outro, no sentido debatido por Merleau-Ponty de que o vidente é tocado pelo visível, de que aquele que vê, que olha, está implicado naquilo que é visto e olhado, o que se amplia para um círculo maior de possibilidades, porque inclui os demais indivíduos, principalmente se tratando da interconectividade das **interfaces** e respectivas **interatividades**, retornando (feedback) metamorfoseado, porém, de modo visível, para cada um dos indivíduos.

No dizer de Merleau-Ponty (1992, p. 139),

> há um círculo do palpado e do palpante, o palpado apreende o palpante; há um círculo do visível e do vidente, o vidente não existe sem existência visível; há até mesmo inscrição do palpante no visível, do vidente no tangível e reciprocamente; há enfim, propagação dessas trocas para todos os corpos do mesmo tipo e do mesmo estilo que vejo e toco – e isso pela fundamental fissão ou segregação do sentiente e do sensível que, lateralmente, faz os órgãos do meu corpo entrarem em comunicação, fundando a transitividade de um corpo a outro.

Uma vez que vemos outros videntes, não temos apenas diante de nós o olhar sem pupila, espelho sem estanho das coisas, este pálido reflexo, fantasma de nós mesmos, que elas evocam ao designar um lugar entre elas de onde as vemos: doravante somos plenamente visíveis para nós mesmos, graças a outros olhos.

O **toque da visibilidade** envolve o indivíduo na reciprocidade do contato, o que faz com que todos sejam "habitados por uma visibilidade anônima" (MERLEAU-PONTY), revelando a dimensão corporal, física, da existência, mas também fazendo emergir os aspectos emocionais e morais, inclusive a necessidade do afeto, do afago, do carinho, precedentes ao visual, e passível de ser estimulada pela sedução das imagens, considerando que essa necessidade não está contida no tato em si, mas na desordem, na instabilidade, provocada pelo desconhecimento daquilo que se deseja de fato.

Desse modo, a tecnologia visual para além da racionalização de suas redes sinérgicas, deve ser lida com base nas tendências e intercorrências que indicam e anunciam as inquietações, sobressaltos, agruras e desconexões do indivíduo com a gramática do seu desejo, objeto da discussão a seguir.

PARTE 3

Itinerários da Subjetividade

CAPÍTULO 1

Subjetividade e Consumo

Não há subjetividade sem uma cartografia cultural que lhe sirva de guia; e, reciprocamente, não há cultura sem um certo modo de subjetivação que funcione segundo seu perfil.
SUELY ROLNIK

A busca de si mesmo e do outro, na modernidade das grandes metrópoles, permeada pelo fluxo cotidiano das diferentes linguagens e submetida aos *deslocamentos*, à *fruição* do conhecimento e às *interseções* imponderáveis de suas trajetórias, é um exercício em direção à metáfora intelectual da reflexão, já indicada pelo Iluminismo (FICHTE) e retomada pelas diferentes perspectivas por Giddens, Lash e Beck (1997), pela idéia de 'reflexividade' da modernidade e da modernização, representada na fórmula: *ver com um olho adicional.*

Esse 'olho' ampliado e expandido pelas tecnologias do virtual pode penetrar os dois mundos - o individual e o do sistema; o da organização dos espaços e tempo sociais e do mundo da vida privada - e, nesse sentido, fazer incisivas intervenções na subjetividade a ponto de revelar os movimentos de construção da identidade levada a efeito, entre outros aspectos, pelo ato de consumir. Isso porque o indivíduo, ao se deparar com os desdobramentos das novas 'teletecnologias', ao interagir com as regras e a dinâmica do jogo dos encontros a distância, bem como do jogo dos papéis e funções precariamente definidos, e encenar, por meio das *imagens cênicas*, as demandas, emoções e sensações do *eu* e da sua subjetividade, terá de, necessariamente, enfrentar a reflexividade sobre sua vida cotidiana, implicando, desse modo, o circuito da satisfação das necessidades, desde seu nível mais superficial – as banalidades do mercado – até o mais complexo das cadeias metafóricas do desejo – as manifestações da experiência estética, e, assim, ensejar minimamente o mapa da identidade.

Essa reflexividade significará enfrentar, em uma dimensão mais específica, as três categorias mencionadas no primeiro parágrafo:

❑ O *deslocamento* não apenas espacial e temporal, mas do olhar analítico, que precisa proceder uma rotação de 'dentro para fora', para estruturar modelos de interpretação e compreensão capazes de compor uma visão de totalidade como um jardim, e não recortes teóricos instrumentais voltados apenas para a habilidade de saber olhar uma paisagem - o que torna necessária a construção de um debate cada vez mais dialógico entre as várias áreas e dimensões do conhecimento.

❑ Por outro lado, o conhecimento precisa abarcar as incertezas na agudeza de suas manifestações atuais para, por meio da "consciência da desordem" (BALANDIER, 1997, p. 185), identificar rotas que permitam ao indivíduo o acesso a um mínimo de referências em meio à transitoriedade dos impulsos, à brevidade dos produtos culturais e das idéias, e ao "barulho das imagens cênicas", o que significa assumir sua *fruição* na íntegra de suas manifestações.

❑ E, por fim, o resultado das bifurcações e desvios recorrentes na vida das sociedades complexas, as *interseções*, correspondentes aos elos ou aos nós que garantem uma certa estabilidade à rede de significações que cada indivíduo constrói no seu cotidiano e que necessitam ser *legendadas* para prover "os recursos cartográficos que nos ajudem a inventar formas mais de acordo com o que os novos diagramas exigem" (ROLNIK, 1997, p. 33).

Como disse Prigogine (2001, p. 18), "no geral, bifurcações são a um só tempo um sinal de instabilidade e um sinal de vitalidade numa dada sociedade". Dessas bifurcações, decorrem, portanto, os pontos de contato que contêm os resíduos indiciários da identidade fluida e pervasiva dos dias atuais.

Considerando que não é mais possível referir a identidade ao indivíduo serializado, registrado e modelado, resultado da produção de massa, e como o consumo contém, de modo socialmente significativo, as flutuações dos diferentes agenciamentos coletivos que incidem sobre o indivíduo na modernidade, com inevitáveis repercussões na produção da subjetividade, no próprio ato da consumação, registra-se um elo (uma interseção) importante - simultaneamente estável e instável - no reconhecimento de alguns dos sinais da individualidade, que se esforça em fazer-se histórica na vida das grandes metrópoles.

Para decifrar esse processo, será preciso mapear os diversos modos de semiotização, os sistemas de representação e as práticas sociais multirreferenciais que atravessam o cotidiano da vida nas grandes metrópoles. Esse é um exercício simultaneamente microscópico e macroscópico. Nessa análise, a visão microscópica enfatiza a subjetividade e a macroscópica busca pela enunciação como *legendas das rotas de negociação* travadas pelo indivíduo diariamente. Entre ambas, há uma conexão que pode ser projetada ou indicada no ato de consumir.

1.1 MICROSCOPIA E ENUNCIAÇÃO

A inspiração procede de Guattari, para quem a subjetividade não está conformada à idéia de totalização ou de centralização no indivíduo. A subjetividade, compreendida de forma mais abrangente, segundo Guattari (1993, p. 31), "é produzida por agenciamentos de enunciação" e, para ser elucidada, é necessário desvendar as diferentes conexões que esses agenciamentos estabelecem entre as várias instâncias da individuação. De acordo com o autor (1993, p. 31),

> os processos de subjetivação, de semiotização – ou seja, toda a produção de sentido, de eficiência semiótica – não são centrados em agentes individuais (no funcionamento de instâncias intrapsíquicas, egóicas, microssociais), nem em agentes grupais. Esses processos são duplamente descentrados. Implicam o funcionamento de máquinas de expressão que podem ser tanto de natureza extrapessoal, extra-individual (sistemas maquínicos, econômicos, sociais, tecnológicos, icônicos, ecológicos, etológicos, de mídia, enfim sistemas que não são mais imediatamente an-

tropológicos) quanto de natureza infra-humana, infra-psíquica, infrapessoal (sistemas de percepção de valor, modos de memorização e de produção idéica, sistemas de inibição e de automatismos, sistemas corporais, orgânicos, biológicos, fisiológicos, etc.).

Um dos elementos desses processos são as práticas cotidianas, que, por meio da imaginação, encontra, define e projeta um campo organizado, não apenas de práticas sociais, mas, principalmente, uma forma de trabalho (tanto no seu sentido econômico quanto cultural) e de *negociação* entre os modos de agenciamentos individuais e coletivos.

No entanto, as práticas cotidianas também estabelecem o contorno do ocultamento sobre os vários agenciamentos processados por uma modernidade que põe em relevo o efêmero e o imediato, além do aprisionamento do tempo e do espaço no instante e no inacabado.

A decupagem das conexões entre as várias instâncias da individuação procede da análise de um sistema de mediação entre a multiplicidade de linguagens dos indivíduos – suas narrativas alegóricas – e os processos de seus desejos, o que não está referido à postulação de dimensões intrapsíquicas ou de individuação propriamente ditas, ou, mesmo, da modalização semiótica dos vários padrões de comunicação, mas principalmente à não-linearidade das bifurcações, definidas por meio das escolhas. Em outras palavras, não está referida a qualquer fórmula ou padronização, mesmo que necessária para efeito de entendimento ou explicação, mas a modos particulares de se relacionar e, com base nesses relacionamentos, articular interações com o universo de participação na vida das grandes metrópoles.

Esse processo, na maior parte das vezes, é de difícil compreensão, porque a lógica dominante ainda é a da linearidade como sinônimo de coerência e racionalidade, que realça a atividade do consumo tão somente pelas alternâncias intercorrentes de uma identidade fugidia, inconstante e imprevisível, constantemente submetida à alienação econômica, o que, além de limitar a análise, a conduz para um *beco sem saída*, considerando-se sua frágil consonância com os parâmetros teóricos estabelecidos, uma vez que os vetores de construção da identidade na modernidade são de uma natureza diversa daqueles que pressupunham referências *estruturadas*, no sentido de *definidas* (por exemplo, as do materialismo histórico e/ou do estruturalismo), o que impõe a necessidade de outras leituras de outros modelos.

Segundo F. Guattari, os processos de individuação não podem ser confundidos com os processos de singularização. Individualidade e singularidade correspondem a dimensões distintas, ainda que interligadas, da existência humana. "O processo de singularização da subjetividade se faz emprestando, associando, aglomerando dimensões de diferentes espécies", enquanto à segunda correspondem "processos de responsabilização social, de culpabilização e de entrada na lei dominante" (GUATTARI, 1993, p. 37).

Em outras palavras, a singularidade diz respeito às dimensões de expressão e criação em que o indivíduo se apropria da subjetividade. A individualidade se refere aos diversos processos de integração e normalização, o que, invariavelmente, refere-se aos diferentes modos de submissão, alienação e controle agenciados pelas sociedades industriais.

F. Guattari reconhece que há um entrecruzamento constante entre singularidade e individualidade; entretanto, é preciso mapear as conexões entre uma "micropolítica de processos singulares" e os processos de individuação, ressaltando-se que, para ele, a noção de singularização "não tem nada a ver com o indivíduo", que é correlativo a formas modelizantes e à idéia de que não existe uma unidade evidente de pessoa.

Quando Guattari faz essa distinção, no seu horizonte estão, entre outros aspectos, a crítica à cultura de massa, ao socialismo burocrático e ao capitalismo industrial, para os quais é imprescindível a 'produção' de indivíduos deslocáveis ao sabor do mercado, o que se faz mediante ações que interceptam o acesso aos processos de singularização, persistindo uma subjetividade capitalística, ou seja, uma subjetividade "industrializada e nivelada em escala mundial", em decorrência de uma ordem de produção social e cultural que incide não só sobre as relações com a natureza, com os fatos, com os demais, mas também sobre os esquemas de conduta, de ação, de gestos, de pensamento, de sentimento, invadindo e comandando os modos de relacionamento humano, inclusive nas suas representações inconscientes.

Todavia, ele reconhece que "o indivíduo está na encruzilhada de múltiplos componentes de subjetividade" e que "[...] a subjetividade individual [...] resulta de um entrecruzamento de determinações coletivas de várias espécies, não só sociais, mas econômicas, tecnológicas, de mídia etc." (GUATTARI, 1993, p. 34), o que está na base da resistência ao processo de serialização da subjetividade e que se caracteriza pela tentativa de produzir modos de subjetividade originais e singulares, ou "processos de singularização subjetiva", como a potencialização de vetores de transformação molecular.

Para ele, o debate em torno da apropriação da subjetividade não é uma questão referida aos macrocontroles da economia política, mas passa necessariamente pela discussão sobre uma economia subjetiva.

Portanto, partindo-se do princípio 'guattariano' de que a possibilidade de acesso a essa subjetividade, entendida na sua dimensão coletiva, está nas "revoluções moleculares" (GUATTARI, 1987, p. 165), a idéia aqui apresentada de que em cada uma das rotas de apropriação e desapropriação da subjetividade, quer em função da desterritorialização das referências, quer em função do esvaziamento do sentido do desejo pela sociedade de mercado, estão contidos os resíduos e os indícios das microrrevoluções, tanto no plano coletivo como no plano individual, e, por esses caminhos, vão se formando amálgamas de combinações que constituem a identidade.

Trata-se de um princípio de identidade complexo, porque esse universo residual molecular opera em todas as direções dos planos de singularização e de individuação que, embora distintos da noção de indivíduo, do ponto de vista de Guattari, são referidos a agentes individuados cuja subjetividade consciente não está desligada da individualidade, no sentido de uma inter-relação como aquela definida por E. Morin (1996, p. 49), ao se referir à relação indivíduo-espécie:

> [...] posso tratar-me a mim mesmo, referir-me a mim mesmo, porque necessito de um mínimo de objetivação de mim mesmo, uma vez que permaneço como eu-sujeito. Só que assim como a auto-organização é de fato auto-eco-organização, de igual modo, a auto-referência é a auto-exo-referência, ou seja, para referir-se a si mesmo, é preciso referir-se ao mundo externo. Devo fazer uma distinção fundamental entre o si e o não-si. E essa distinção fundamental não é só cognitiva; ao mesmo tempo, é distributiva de valor: atribui-se valor ao si, e não valor ao não-si. Esse processo de auto-exo-referência é o que é constitutivo da identidade subjetiva. E assim se opera a distinção entre si/não-si, mim/não-mim, entre o eu e os outros eus.

Logo, há uma correspondência complexa entre a singularização e a individuação quanto à constituição da identidade que procede de uma subjetividade auto-organizadora, quer como resultado de *revoluções moleculares*, quer como microprocessamentos de enunciação, o que permite a identificação de alguns dos elementos que, reunidos em alguma unidade (o *self*, o *eu*, o *sujeito* – guardadas as devidas distinções teóricas), indicarão o sentido de prevalência histórica e cultural de cada um dos indivíduos.

Esse processo, em nada aleatório ou casual, é uma referência paradigmática da identidade, no sentido de tratar-se de uma noção nuclear.

A identidade, território ao qual corresponde o mapa simbólico de referência social dos indivíduos, desenha-se por meio de uma circularidade remissiva e espiralada, em que não há início, mas princípio e origem, bem como não há fim, mas intenção e finalidade. O princípio e a origem dizem respeito à subjetividade; a intenção e a finalidade se referem às diferentes instâncias de inserção do indivíduo na sociedade.

Cada continente individual, para usar a analogia de Suely Rolnik, corresponde a uma cartografia cultural que norteia e orienta o sentido das trajetórias e das rotas, fruto das bifurcações, dos desvios, decorrentes das escolhas e das negociações realizadas pelo indivíduo por meio dos horizontes referenciais dados.

Os limites ou as fronteiras desse continente individual não se definem por intermédio de linhas demarcatórias *claras* e *distintas* (Descartes) entre ambientes e sistemas determinados e invariáveis, como, por exemplo, o campo econômico, político ou cultural. Os limites, bem como os direcionamentos, dizem muito mais respeito aos elementos construtivos da própria subjetividade e suas estruturas constitutivas fundamentais, que se formam segundo direções muito particulares em face das diferentes escolhas que os indivíduos fazem ao longo da vida, e dependem de uma malha de relações complexas, simultaneamente complementares e antagônicas, porém, cooperativas em função da necessidade de sobrevivência. Essa malha de relações complexas corresponde a um código cuja dinâmica é mobilizada pela interação entre os objetos apreendidos na sua dimensão simbólica, as relações desses símbolos por intermédio das ações e percepções e os processos lingüisticamente intermediados dos níveis de ação e percepção.

Em virtude dessa complexidade, os agenciamentos de enunciação não podem ser pensados apenas na sua positividade, ou tão-somente na sua afirmação concreta e real pelos atos humanos, em contraposição aos diferentes domínios da imaginação, do pensamento e da emoção. Eles precisam ser lidos, na sua efetividade, *em relação* às suas inconcretudes, como presenças intangíveis portadoras de intencionalidades que dão significado às experiências.

Enfim, a cartografia cultural à que corresponde cada continente individual deve ser lida e interpretada com base no dinamismo das relações estabelecidas entre os vários circuitos de comunicação e linguagem presentes nas análises teóricas, nas práticas cotidianas, nas manifestações conscientes e inconscientes do *eu/ego*.

De outro lado, nos limites e nas fronteiras desse universo identitário individual, residem conjuntos de pressuposições pelos quais é possível retornar aos desvios, às bifurcações e, assim, à origem e à criação do novo, ou ao instante da crise e da ruptura, em que o indivíduo opera regressos e afastamentos daquilo que ordinariamente se chama 'eu'. Aspectos que ficam registrados na cartografia da identidade e que habitam a subjetividade de cada indivíduo, ou, como diria S. Rolnik, são absorvidos nas "dobras" da pele imaginária que recobre e traça o perfil da subjetividade.

De acordo com a autora (1997),

> Sem muita dificuldade, logo notamos que a densidade dessa pele é ilusória e efêmero é o perfil que ela envolve e delineia. A pele é um tecido vivo e móvel, feito das forças/fluxos que compõem os meios variáveis que habitam a subjetividade: meio profissional, familiar, sexual, econômico, político, cultural, informático, turístico etc. Como esses meios, além de variarem ao longo do tempo, fazem entre si diferentes combinações, outras forças entram constantemente em jogo, vão misturar-se as já existentes, numa dinâmica de atração e repulsão. Formam-se na pele constelações as mais diversas que vão se acumulando até que um diagrama inusitado de relações de força se configure. Nesse momento, nosso olho vibrátil capta na pele uma certa inquietação, como se algo estivesse fora do lugar ou de foco.

> [...] o que nosso olho vibrátil presencia, então, é a pele começando a reagir ao incômodo causado pelo novo diagrama: ela se **dobra**, fazendo uma espécie de curvatura. Surpresos, vemos emergir no interior dessa dobra o cenário de todo o modo de existência.

Esse processo, na sua circularidade, reúne aquilo que aparentemente poderia parecer (para o conhecimento) como dissociado: o sujeito do objeto; o indivíduo da identidade; a objetividade da subjetividade. Uma articulação que tem como referência principal as faltas, as insuficiências, as necessidades, que, como diz Morin (2001, p. 237), "multiplicam-se nos organismos mais evoluídos, em vez de se suprimir" e que, por serem decisivas no caráter estrutural inacabado da subjetividade, prevalecem sobre a condição do correto funcionamento e manutenção da ordem e regulamentação dos eventos, das coisas, do cotidiano.

É nesse sentido aleatório, imprevisível e de certa forma arriscado a que está submetida a identidade, que se pode vislumbrar, nos itinerários cotidianos de sua configuração, alguns indícios residuais da eclipsização da subjetividade e suas múltiplas facetas, em que uma delas é o consumo.

Portanto, mesmo aquilo que, no pensamento de F. Guattari, parece sugerir, na idéia de subjetividade, uma separação – singularização e individuação –, são na verdade, complementares, considerando que o sentido de *reunião*, expresso acima, representa um deslocamento da idéia de *síntese* e, portanto, da idéia de identidade.

A rigor, é impossível dissociar o debate em torno da subjetividade das noções de indivíduo e de identidade. Primeiramente, porque a noção de indivíduo está contraposta a uma noção de sociedade (N. Elias) e, nela, estão imbricadas todas as formas de agenciamentos estruturadas da organização social, o que remete à caracterização da identidade, não por meio das funções reguladoras psicossociais, mas em razão de um devir diferencial automodelador (*self*) que capta, de diferentes modos e maneiras - o consumo, é uma delas -, elementos situacionais (contingenciais e circunstanciais), que comporão referências práticas e teóricas – as *narrativas alegóricas* - por intermédio das quais será possível ter acesso à subjetividade.

As noções de indivíduo e de identidade, na atualidade de suas manifestações, estão relacionadas, o que torna inconcebível pensá-las somente com base em seu caráter antagônico, sem incluir, nessa mediação, a dimensão única de cada individualidade, representada na expressão de sua pessoa/*persona*. Não se trata de buscar a origem conceitual de cada um desses termos, mas, sim, de evitar o equívoco, que, como diz Elias (1993, p. 179), "[...] pode levar-nos a crer que esta classificação é a mesma em qualquer fase de evolução das sociedades e que, em todos os tempos e em todas as línguas do mundo houve ou há conceitos equivalentes, o que, no entanto, não é assim".

Cada uma das esferas conceituais está integrada a um contexto evolutivo, bem como à sua representação simbólica, e, entrelaçadas umas às outras, apontam para as diferentes camadas e se justapõem às idéias anteriormente mencionadas, relativas à identidade, ao indivíduo e à subjetividade.

Na modernidade, a subjetividade decorre de novas coordenadas de produção, entre as quais o consumo desempenha um papel crucial, principalmente pelo aspecto da acessibilidade aos produtos, bens e serviços, no sentido de que o ato de consumir se reveste da condição de possibilidade para processos de singularização, principalmente no que tange à tradução de determinados vetores de desejo, e, desse modo, articula processos de individuação que redundam na identidade.

O modo como o consumo se reveste das características de agenciamento anunciadas por Guattari - e essas se interconectam com as narrativas que compõem o jogo de tensões entre o acesso e a eclipsização da subjetividade - é uma longa jornada do pensamento em direção ao núcleo do fazer e do existir humanos, percebidos e representados pela linguagem, em especial a das imagens.

Na modernidade, esse exercício representa, no plano da teoria, um constante esforço de compreensão dos limites de cada área específica do conhecimento e no reconhecimento dos diferentes modos transversais de contaminação entre os vários domínios de explicação do existir humano, porém, esse esforço precisa ser capaz de estabelecer a ambivalência das interconexões entre o que se poderia chamar de *consumo da subjetividade* e *subjetividade do consumo*.

Pode parecer mero jogo de palavras, no entanto, embora relacionados, há uma diferença significativa na enunciação de cada um desses âmbitos. O *consumo da subjetividade* diz dos sistemas de representação, de percepção, e seu campo é aquele relativo ao de todos os processos de produção social e material, portanto, corresponde à matéria de investigação das macroteorias (por exemplo, da economia, da política, da sociologia, da antropologia etc.) - 'macroteorias', dado o caráter universal de suas categorias, que se diferenciam das microteorias, aquelas reflexões particulares sobre o ser e o fazer humanos, presentes nos artigos de jornais, revistas e até mesmo da literatura e da arte em geral, pequenos excertos, não menos profundos e que, às vezes, são sementes de uma macroteoria.

A *subjetividade do consumo* é relativa aos indivíduos e suas existências particulares, em uma circulação pela vida, entre elas, na cidade, como o *flâneur* de Baudelaire, ou como o próprio W. Benjamin, um viajante interpenetrado pelas experiências das passagens pelas várias ruelas dos vários lugares por onde andou - itinerários de construção da individualidade.

Guattari , embora privilegie, nas suas análises, os agenciamentos coletivos da subjetividade e defenda a necessidade de dissociar radicalmente os conceitos de indivíduo e de subjetividade, aponta algumas das vias de interconexão entre esses dois âmbitos, principalmente porque, segundo ele (1993, p. 33), "a subjetividade está em circulação nos conjuntos sociais de diferentes tamanhos: ela é" essencialmente social, e assumida e vivida por indivíduos em suas existências particulares.

O modo pelo qual os indivíduos vivem essa subjetividade oscila entre dois extremos: uma relação de alienação e opressão, na qual o indivíduo se submete à subjetividade tal qual a recebe, ou uma relação de expressão e de criação, na qual o indivíduo se reapropria dos componentes da subjetividade, produzindo um processo que eu (ele) chamaria de singularização (GUATTARI, 1993, p. 33.)

Entretanto, é necessário considerar que as possibilidades de o indivíduo "reapropriar-se dos componentes da subjetividade" diz respeito ao modo como se dá o processo de alienação e opressão, responsável pelo direcionamento da submissão a uma dada subjetividade, e, como um e outro processos - aquele referido aos conjuntos sociais e esse referido à singularização - não são desprovidos de conteúdos e formas específicas, porque estão organizados e estruturados em diferentes sistemas de linguagem, nessas, residem as possibilidades de interconexão.

Desse modo, os elementos que, por vezes, parecem dissociar significados - como, por exemplo, a definição de categorias em cada campo teórico -, ao contrário, podem ser articulados, abrindo possibilidades de mediação, não em razão das categorias teóricas, mas das linguagens.

As macroteorias têm-se dedicado ao estabelecimento das distinções – necessárias e fundamentais para o exercício do conhecimento -, entretanto, há vias e canais de passagem e de acesso, que articulam os sentidos e os significados entre as variáveis conceituais e, no caso das idéias aqui defendidas, as diferentes instâncias do processo de individuação.

O consumo é um dos elos, uma das interconexões, e, por isso, uma das vias de acesso entre o agenciamento coletivo de enunciação e a individuação da subjetividade. Sua compreensão pode se dar na investigação da linguagem, considerando que esta corresponde a um dos conjuntos sociais por meio do qual a subjetividade 'circula' e, pela representação imagética, isto é, das imagens, precipita um universo de singularidades que, pela sua enunciação, expande diferentes relações de significação.

1.2 A SUBJETIVIDADE CONSUMADA E CONSUMIDA

A urbanidade e as práticas cotidianas atravessadas pelo consumo estão fortemente presentes na subjetividade, na forma dos seus agenciamentos de enunciação, por intermédio dos diferentes sistemas de representação - os *álibis* (BAUDRILLARD, 1995, p. 25)[79] das negociações levadas a efeito pelo indivíduo na organização da sua vida.

Nas grandes metrópoles, a linguagem do imaginário se amplifica e adquire tonalidades e intensidades diversas, inclusive no ato de consumir, criando condições para que se possam estabelecer as conexões entre a subjetividade consumada – aquela capturada nas tramas da sedução das coisas, do efêmero (Lipovetsky), do hedonismo (C. Campbell), dos signos (J. Baudrillard) – e a subjetividade consumida – aquela absorvida e identificada pela tecnologia virtual.

Essas duas dimensões da subjetividade estão articuladas por intermédio da forma (a linguagem da representação imagética já mencionada anteriormente) e do caráter inter-relacional entre duas categorias ou classificações do pensamento e da vida – o que está dentro (*inner*) e o que está fora (*outer*).

Essas duas categorias oferecem pistas para o estabelecimento de algumas das conexões entre as idéias debatidas aqui.

A vida nas grandes cidades opera no sentido da separação, da fragmentação, da divisão entre o público e o privado; entre o íntimo e o superficial; entre o dentro (da casa, do lar) e o fora (do trabalho, do lazer). Essa divisão incide sobre a identidade e captura o indivíduo em uma rede de significações que tornam nebulosas as vias de acesso à subjetividade, porque elas mesmas encontram-se dispersas pela pressão exercida pelo imperativo da circulação (*deslocamento*) e da comunicação (*redes, circuitos, networks*), nas suas várias modalidades.

O consumo é um dos âmbitos em que essas significações se manifestam e, quando lido e interpretado por meio da linguagem imagética, principalmente aquela da tecnologia visual, alguns elementos de inter-relação podem ser identificados, criando condições para que se possa compor minimamente as *interseções* entre *a identidade - o indivíduo - e a subjetividade.*

---

[79] "A quotidianidade como enclausuramento, como Verborgenheit, seria insuportável sem o simulacro do mundo, sem o álibi de uma participação no mundo".

Todavia, não se trata de um caminho franco e aberto, porque o próprio consumo é *desviante*, já que se utiliza das artimanhas da sedução, e cada exercício em direção ao desvio é *desordenante* e *desordenador* - daí o acesso à subjetividade ser sempre desestruturante. O que a organiza e lhe dá sustentação, é a dinâmica, o próprio processo, o jogo constante das escolhas e das negociações contidas nos *agenciamentos de enunciação*, entre o dentro e o fora, entre a subjetividade consumada e a subjetividade consumida.

A identidade, grosso modo, é o resultado da vida cultural, em uma dada sociedade, em que a experiência cotidiana é partilhada entre os indivíduos em termos de significados comuns e formas comuns de comunicação; portanto, está diretamente relacionada às condições de acesso e inclusão.

As macroteorias têm mapeado os processos de inclusão e exclusão dos indivíduos, quer decifrando a lógica do mercado e do poder econômico, quer rastreando o comportamento das estruturas políticas e das relações de força entre os vários agentes sociais. Porém, há uma zona – a das *microrrevoluções moleculares* – carente de melhor definição, porém, alimentada cotidianamente pelas "imagens e signos multiplicados da vertigem da realidade e da história" (BAUDRILLARD), que atuam no sentido de articular o 'dentro' e o 'fora' de cada indivíduo, realizando suas várias possibilidades de acesso, participação, inclusão e vice-versa, definindo, assim, modos de ser na modernidade.

Sennet (1990, p. XII), retomando a antigüidade grega e os medievais, na análise sobre o desenho e a vida nas cidades, demonstra que o medo da exposição construiu uma parede entre "o que está dentro" – esse correspondendo à experiência subjetiva – e aquilo que "está fora" ("A maneira que as cidades têm reflete um grande e não reconhecido medo de exposição[80]" – a vida ordinária dos fatos concretos e que, de alguma maneira, se reflete na organização dos espaços nas cidades (SENNET,1990, p. XII):

Uma diferença entre a Grécia do passado e o presente é que onde os antigos podiam usar seus olhos na cidade para pensar sobre política, religião e experiências eróticas a cultura moderna sofre de uma divisão entre o interior e o exterior. Essa é uma divisão entre a experiência subjetiva e a experiência global, de si mesmo e da cidade. [81]

---

[80] "The way cities look reflects a great unreckoned fear of expositure." .

[81] "One difference between the Greek past and the present is that whereas the ancients could use their eyes in the city to think about political, religious, and erotic experiences, modern culture suffers from a divide between the inside and the outside. It is a divide between subjective experience and worldly experience, self and city."

De acordo com Sennet, as fronteiras e as barreiras entre essas duas dimensões decorrem, em grande parte, da história religiosa do Ocidente sob a influência do Cristianismo, e descerrar as cortinas entre os interiores e exteriores da vida urbana implica trazer à tona a complexidade dessa relação.

Os elementos que integram essa complexidade não são apenas referências espaciais e culturais, mas dizem da própria concepção do indivíduo, na relação consigo mesmo, seu próprio corpo (e sua percepção sensível) e sua individualidade.

O 'dentro' e o 'fora' da vida nas cidades dissolvem-se em razão de uma estrutura que se hierarquiza em uma organização aparentemente caótica, estabelecendo níveis e condições de aproximação para a experiência urbana baseadas no descentramento, na indiferença histórica e na complexidade.

O centro geográfico das grandes metrópoles, embora definido espacialmente por índices históricos (um logradouro público, a sede do governo, a matriz etc.), não corresponde à referência central para a vida cotidiana. As cidades 'empurram' os indivíduos simultaneamente para 'dentro' e para 'fora'. Para dentro dos supermercados, dos *shopping centers*, dos parques, dos escritórios, das escolas, ao mesmo tempo que espalha, em direção às mais diferentes latitudes e longitudes, os lugares de convivência, seja por escolha ou contingência.

Atravessadas pelas vias rápidas - viadutos, metrôs, trens de *grand vitesse*, com seus diversificados sistemas de interconexão, embora favoreça a sensação de liberdade ao articular as várias artérias, onde se distribuem edifícios e casas envidraçadas, estruturas metálicas, múltiplas tonalidades espelhadas de mármores e granitos, monumentos iluminados, enfim, todo um complexo de proliferação de imagens -, as cidades, projetadas para refletirem seus habitantes, oferecem o efêmero calor humano de uma proximidade fictícia. E diante da pressão do *deslocamento*, da exigência da *fruição*, da condição da *interseção*, o indivíduo encontra poucos meios e poucos recursos para transformar a experiência sensível em uma experiência social viável, considerando que o contato, ou seja, a forma como as pessoas se vêem e se ouvem, como se tocam ou se distanciam, é dominada, preenchida pelas artimanhas do consumo, com seus bens, produtos e serviços.

A comunicação entre o 'dentro' e o 'fora' e sua concretização em uma trajetória identitária, minimamente legitimada e confirmada socialmente, é um exercício de decifração constante, em que as duas manifestações hodiernas – o 'dentro' e o 'fora' - têm um liame comum: a importância e o significado que a imagem passa a designar na modernidade, principalmente nas grandes metrópoles. A subjetividade consumada e a subjetividade consumida transitam entre o 'dentro' e o 'fora', capturadas pela representação imagética, entre outras razões, pela pressão dos *deslocamentos*, das *fruições* e *interseções*, o que será analisado mais detalhadamente na última parte deste capítulo.

Trata-se, aqui, de compreender como essas idéias se relacionam com as *microrrevoluções moleculares*, ou, como diria Guattari (1993, p. 45), "o atrevimento de singularizar", em razão de uma tentativa cada vez mais intensa de o indivíduo buscar modos de subjetividade originais e singulares e que, apesar de, na análise guattariana, a singularização constituir-se num movimento de protesto do inconsciente contra a subjetividade capitalística, dadas as características do modo de produção da vida na modernidade, a autonomização do indivíduo, bem como o acesso à sua subjetividade, implica assumir a condição própria da alienação, em que o consumo é uma das interfaces.

Nesse sentido, é preciso buscar algumas pontes entre as macroteorias e as microteorias.

Do ponto de vista das macroteorias, principalmente com base nas análises de Bell (1996), a política e a cultura interagem segundo características decorrentes de uma economia de recursos - entendidos em um sentido amplo – , enquanto, na esfera política, a participação é o valor fundamental e, na cultural, o valor corresponde a realização plena do *self*.

Entretanto, os caminhos não estão franqueados. As categorias em que se apóia Daniel Bell, na sua crítica, oferecem uma idéia da complexidade dos enfrentamentos que circulam entre a subjetividade, o indivíduo e a identidade.

Também Bell (1996, p. 88)[82] parte do pressuposto de que a modernidade não significa apenas uma revolução na produção decorrente do desenvolvimento tecnológico, mas representa inclusive uma revolução na sensibilidade, identificada pela análise de quatro elementos que levam o indivíduo a se con-

---

[82] "Nossa civilização técnica tem sido não só uma revolução na produção (e em comunicação), ela tem sido uma revolução na sensibilidade como um bem. A distinção desta civilização- chamada de sociedade de massas ou sociedade industrial pode ser entendida de vários modos. Eu escolho defini-la (não exaustivamente) dentro destas dimensões: numérica, interativa, auto-consciente e de orientação temporal. Efetivamente, o modo pelo qual nós confrontamos o mundo é condicionado por estes elementos". *"Our technical civilization has not only been a revolution in production (and in communication); it has been a revolution in sensibility as well. The distinctiveness of its civilization – call it "mass society" or "industrial society" – can be understood in a number of ways; I choose to define it (not exhaustively) within these dimensions: numerical, interaction, self-consciousness, and future-time orientation. In effect, the way in which we confront the world is conditioned by these elements."*

frontar com o mundo: *número*, não apenas referido à quantidade de pessoas, mas àquelas com que cada indivíduo se relaciona na sua existência; *interação*, que estabelece os vínculos entre uns e outros indivíduos; *self-consciousness* (autoconsciência), referente à percepção de si mesmo por meio do universo de escolhas e ações desenvolvidas ao longo da vida; e *orientação temporal* (*time orientation*), no sentido de uma sociedade que se organiza de modo planejado, para fins e objetivos específicos.

O elemento que costura essas categorias de Bell é a interconexão entre os aspectos macroestruturais da sociedade e a dimensão individual, naquilo que ela reserva e contém de 'pessoal', ou seja, a *percepção sensível*, o que contribui para reforçar a idéia aqui debatida de que o ato de consumir, como um ato social:

- ❏ corresponde a um significado relacional, que lhe confere *um sentido racionalizado*, quando cada um dos elementos macroteóricos que pretende interpretar e compreender as relações entre o indivíduo e o processo identitário da modernidade investiga as diferentes formas de legitimação social conferida pelos inteiramente *outros* – indivíduos (isto é, sociedade) e respectivas formas de estruturação e organização da vida; e

- ❏ reveste-se de modos particulares de enunciação que se, de um lado, diz da identidade, de outro é via de acesso à subjetividade.

É em razão desse *sentido racionalizado* – as *legendas* presentes no ato de consumir – que a subjetividade delineia as referências (vias de acesso) em que se consuma e é consumida. Isso porque cada uma das inserções diárias deve associar-se a alguma forma de consenso de articulação e comunicação de sentidos. E assim, oscilante entre um processo de regulamentação e legitimação, o indivíduo é capturado por algumas conexões – aqui tratadas com base nas categorias de Daniel Bell – que parecem superar as fronteiras (mencionadas por Richard Sennet) entre o 'dentro' e o 'fora' da vida nas grandes metrópoles. As *microrrevoluções moleculares* sucedem no interstício dessas conexões, como modos particulares de assentimento ou não às formas de regulamentação e legitimação.

O processo de regulamentação e legitimação diz da singularidade eruptiva do indivíduo como superação entre as fronteiras do 'interior' e do 'exterior' quanto a dois aspectos que podem contribuir para melhor compreender o que aqui se debate - *relevância* e *descontinuidade*. Cada um deles corresponde ao modo peculiar com que cada indivíduo pode vir a romper as barreiras entre o íntimo, o privado, o particular, o público, o social.

Relevância, porque as ações acontecem imbuídas do espírito da livre escolha, num esforço contínuo de coesão para caracterizar alguma diferenciação - sinônimo de individualidade; e *descontinuidade*, porque as ações devem aparentar ligeiro comprometimento com um modo de ser moderno, filiadas ao caráter não estável das coisas, à errância dos indivíduos, aos mecanismos sociais indeterminados, aos *deslocamentos* das grandes metrópoles. Em outras palavras, a existência, na modernidade, é plena de ênfases – quase que exageros diante do modo trivial de se viver – e, ao mesmo tempo, sua regularidade cotidiana é atravessada por sobressaltos que determinam o ritmo das atividades.

As *microrrevoluções moleculares* são momentos enfáticos – relevâncias e descontinuidades no cotidiano, que encontram modos e formas de legitimação e, assim, podem ser apropriadas por regulamentações diversas e constituírem-se referência para a individualidade e para o processo identitário.

O consumo, de um modo geral, acontece imbricado a processos de legitimação e regulamentação, cujas características aderem a modos particulares de relevância e descontinuidade, configurando, dessa maneira, em grande parte, algumas das modalidades presentes nas categorias identificadas por Daniel Bell, que podem representar uma 'ponte teórica' entre as *microrrevoluções moleculares* e a subjetividade consumida e consumada.

O *número* de pessoas nas grandes metrópoles, a despeito de ser a obsessão dos profissionais de mercado e demais especialistas em análises estatísticas, incide sobre a condição de que poucas vivem e trabalham isoladas; o modo de conexão entre elas não é só a atividade produtiva ou as aproximações pessoais e afetivas, corresponde também a todo o universo simbólico de representações de suas funções e papéis, nem um pouco desprovidos das características personalizadas do consumo, por exemplo, de livros de auto-ajuda para suporte do stresse decorrente do trabalho, de atividades de lazer apoiadas em *táticas* para se sentirem incluídas e, ou, participantes de um grupo, nos ditames dos comportamentos *politicamente corretos* que forjam movimentos, manifestações, e o surgimento das mais diferentes associações.

Relevância nos conteúdos – cultural e politicamente simbólicos; descontinuidade nas práticas, isto é, o indivíduo ora filiado a uma agremiação, ora presente em um determinado movimento, ora signatário de uma causa social.

A *interação* entre as pessoas é um exercício cotidiano de dispersão e reunificação, cada vez mais intenso diante do surgimento de novas formas sociais, decorrentes de complexas divisões de trabalho e desenvolvidas diferenciações estruturais de funções e papéis, estabelecendo outros padrões de relacionamento.

Como diz Daniel Bell (1996, p. 89),

> O que é distintivo, então, sobre a sociedade contemporânea não é somente seu tamanho e número, mas sua crescente interação – tanto física (por meio de viagens, amplas unidades de trabalho e grande densidade de pertencimento) quanto psicológica (pela comunicação de massa) –, que vincula direta e simbolicamente a muitas outras pessoas. [Uma] crescente interação não apenas relacionada às diferenciações sociais, mas como um modo de experiência, [no sentido] também de uma diferenciação psicológica – como o desejo por mudança e novidade, por uma busca por sensação, e por um sincrestismo da cultura, tudo isso marcando muito distintivamente o ritmo da vida contemporânea.[83]

Portanto, relevante, nas várias modalidades de vivência e 'experienciação', e descontínua, na circularidade remissiva dos papéis e das funções.

Autoconsciência (*self-consciousness*), propriedade da escolha e da decisão, decisiva no processo de definição e apropriação das experiências que se apresentam ao longo da vida e fundamentalmente dependente da relação com os demais, no sentido da descoberta de sentidos comuns.

O processo de identificação é uma trajetória em direção aos demais membros da sociedade e, muitas vezes, o sentido de orientação dessas rotas responde pela confirmação do abandono de antigas referências (a família, o lugar de origem, o grupo étnico) e pela adesão a novos parâmetros centrados na habilidade de escolha – nas *negociações* –, seja profissão, estilo de vida, grupo de amigos. Confirmação não mais baseada em hábitos e costumes herdados, mas nas experiências vividas a com base em novos padrões de estruturação das relações sociais. Relevância de sentimentos, descontinuidade de relacionamentos.

---

[83] *"What is distinctive, then, about contemporary society is not only its size and number, but he increased interaction – both physical (through travel, larger work units, and greater housing densities) and psychic (through the mass media) – which ties us to so many others persons, directly and symbolically. Increased interaction leads not only to social differentiations but, as a mode of experience, to psychic differentiation as well – to the desire for change and novelty, to the search for sensation, and to the syncretism of culture, all of it mark so distinctively the rhythm of contemporary life."*

A orientação temporal (*time-orientation*) traduz-se cotidianamente na ênfase do futuro, tanto no plano macroestrutural, em que governos, organizações, instituições, têm de planejar suas ações, monitorar tendências e construir cenários, quanto no plano microestrutural, em que indivíduos têm de definir suas metas e objetivos e cada uma das gradações conquistadas para cada um dos aspectos projetados na trajetória: a escolha da carreira, o grupo de amigos, o estilo de vida, agregam-se ao cartão de identidade, como uma prenunciada forma de correspondência a uma programação preestabelecida como garantia de sucesso.

A insuficiência ou a falha no planejamento e na programação adequada para aquilo que se 'anuncia' no futuro, tanto no plano macro como no microestrutural, pode implicar exclusão irreversível do processo de confirmação, ou seja, do reconhecimento e da legitimação, ou pode representar a assertiva necessária para uma modalidade de experiência da vida cotidiana. Dominar o tempo no sentido de reduzir sua 'porosidade' ou precaver-se das incertezas é condição *sine qua non* para uma integração às rotinas e tarefas diárias, assim como é preciso demonstrar certa destreza para lidar com a organização necessária para responder às várias demandas sociais.

Relevância das interconexões nas várias redes, em que cada um só existe se, de algum modo, se conecta ao sistema, ou seja, na relação ao conjunto ao qual está integrado. No entanto, essa é uma legitimação dada *a posteriori* por um *referendum* de *feedback*; apenas por meio da avaliação retrospectiva dos demais (indivíduos, sociedade), sem qualquer referência à inserção em um espaço real, porque é resultado das opções orientadas por projetos demandados, e não mais pela tradição, em que figuram as relações de parentesco, ou pelo modelo *self-directed* do *self-made man* do 'sonho americano'. Em qualquer lugar onde acontece a ação, resultado de uma direção previamente concebida, alguma maneira de conexão humana e, nesse sentido, social, se estabelecerá, o que por si só já caracteriza a descontinuidade da relação espacial, pois a orientação acontece em função do 'outro'.

Assim, de um plano macroestrutural das relevâncias e descontinuidades, chega-se ao plano microestrutural, do corpo individual, do *eu*, da subjetividade tensionada entre ser consumada e ser consumida.

O jogo entre o 'dentro' e o 'fora' na construção de um sentido identitário adquire contornos de uma natureza polimorfa, em que a visão, ampliada por intermédio das tecnologias virtuais, assiste ao fracionamento do corpo (R.

Sennet), porque *deslocamentos, descontinuidades* e *relevâncias* representam uma pressão sobre a condição de vida dos indivíduos, reforçando, de um lado, a desconexão com o espaço e, de outro, a articulação dos vários sentidos dispersos do 'eu', necessária para a descoberta da dobra (Suely Rolnik) que delimita as fronteiras de uma identidade em torno de um *self*. Como se o 'eu' habitasse simultaneamente um 'dentro' e um 'fora', e cada vez que o indivíduo se deparasse, por meio do consumo, com a possibilidade de uma resposta assertiva (legitimadora), em função da escolha feita, pudesse novamente conectar as dimensões dispersas no exercício cotidiano e, assim, encontrar a plenitude dos sentidos, embora momentânea e/ou efêmera, das sensações e sentidos erodidos pelas descontinuidades e relevâncias.

O desejo de encontrar a identidade é uma busca constante para libertar o corpo da resistência ao medo do relacionamento e, embora cada parcela do corpo anseie pelo contato, as descontinuidades e relevâncias tendem a conter e harmonizar a possibilidade dos confrontos, dos conflitos, para evitar o risco de o indivíduo ser absorvido pelas antinomias da complexidade urbana, por exemplo: a logística da velocidade *versus* a passividade ao volante; a chamada 'cultura do corpo' *versus* a imobilidade perante as tecnologias visuais; a busca do refúgio no aleatório e fugaz *versus* a busca de estabilidade profissional; e outras tantas.

No entanto, essa ambivalência encontra uma certa unidade nos fluxos semióticos por meio dos "agenciamentos coletivos de enunciação" (GUATTARI, 1987, p. 178)[84], em que a tecnologia visual representa um conjunto heterogêneo de procedimentos, de habilidades e de equipamentos que, embora não responda à todas as necessidades, nem atue sobre o corpo social com a mesma amplitude que outros mecanismos sociais, forja uma linguagem 'molecular' sobre os processos de enunciação que remetem aos elementos de uma subjetividade tensionada entre o 'dentro' e o 'fora', entre os vários modos de consumo, constituindo-se parte da sustentação social da identidade.

Essa linguagem, porque emerge da relação constitutiva das intermediações tecnológicas, tende a enfatizar, em função dos aspectos já mencionados anteriormente, a natureza fluida das identidades, aparentemente detectável em uma ampla extensão de práticas e fenômenos culturais mas que, no caso específico do consumo, se reveste de uma característica peculiar, o fato de que bens, pro-

---

[84] "Não mais se tem face a face um sujeito e um objeto e, em terceira posição, um meio de expressão; não mais se tem a tripartição entre o campo da realidade, o campo da representação e da representatividade e aquele da subjetividade."

dutos e serviços (genericamente nomeados de objetos de consumo) fazem parte daquilo que Douglas e Isherwood (1978, p. 66) chamaram de "parte visível" da cultura, no sentido de que atuam para conferir certa concretude ao que parece ser sua natureza intangível.

Por meio do consumo, a cultura adquire uma certa ubiqüidade, no sentido de que as artimanhas para seduzir, persuadir e convencer se filiam à oferta de bens, produtos e serviços que requerem signos que lhes garantam a significação devida na designação das categorias que sustentarão a comunicação de importantes distinções culturais.

O indivíduo, ao aderir a esses signos, empenha-se simbolicamente na construção de uma identidade, como um ato de participação em um conjunto de significações culturais que, se, de um lado, o insere em uma retórica de conformidade, de outro, indica alguns dos elementos das tensões que o incitam em direção às *novidades* e às *inovações* e que, ao mesmo tempo, tensionam seu desejo.

Entretanto, ao se considerar o fato de que a modernidade traz, como um dos padrões de sua referência cultural, a complexidade de linguagens e escrituras das imagens, tornando-a "uma estratégia de sedução e obscenidade, de encenação de uma liberação perversa do desejo cujo o outro não é mais que o simulacro fetichista de um sujeito que, ele próprio, se tornou objeto" (MARTIN-BARBERO e REY, 2001, p. 17) - portanto, diretamente relacionada à intensidade e, ou, superficialidade da percepção sensível -, faz-se necessário um *desvio* (*detour*), em direção à '*molecularização*' da análise, para que se possa, minimamente, ir ao encontro de outros fluxos teóricos.

O adensamento das mediações da sensibilidade na modernidade exige, cada vez mais, o movimento da análise em direção à investigação das unidades *moleculares* (microscopia). Nesse sentido, as relações entre a subjetividade e o consumo não se fixam na lógica da mercadoria, ou mesmo nas generalizações sobre os hábitos decorrentes do ato de consumir, mas busca o exercício do *deslocamento do olhar* como um passo atrás em direção a coordenadas de tempo, de espaço, de substância, que confiram alguma consistência aos agenciamentos que, de algum modo, designam indícios da subjetividade que ora se perde, ora se afirma, na trajetória identitária fluida e transitória das práticas cotidianas.

Um análise que se sustenta na condição de ser matizado pelas várias leituras, porque a subjetividade tensionada entre o 'dentro' e o 'fora', entre ser 'consumada' e 'consumida', embora possa estar referida a uma enunciação individuada, não pode ser prisioneira de significações dominantes, daí a importância de se buscar, nesta análise, uma aproximação com o fascínio exercido pela representação imagética, considerando o caráter amplo e livre de sua interpretação.

CAPÍTULO 2

A Subjetividade e o Fascínio das Imagens

A alma mora no ponto
onde o eu se decide.
MICHEL SERRES

Há um ponto de interconexão entre o consumo da subjetividade (o mundo da 'publicização') e a subjetividade do consumo (o universo da estruturação significativa da individualidade); aquele, objeto das macroteorias e, esse, objeto da percepção sensível dos indivíduos. Esse ponto é o da representação imagética.

A imagem habita a zona fronteiriça entre a representação e as dimensões do existir fora dela, isto é, os desejos, as sensações, as intenções, as impressões, ainda não traduzidas ou representadas na clarividência de um signo. Sua propriedade é aquela do exercício imaginário do *ver*, por exemplo, capaz de transformar o tédio do trabalho em uma mudança do possível, no sentido de que o indivíduo encontra, nas imagens e 'legendas' que cria ou percorre com o olhar, alguma identificação ou satisfação, porque nelas reconhece algum valor prévio que funciona como uma espécie de álibi para sua inação diária. E quanto mais evidente a imagem, mais se definem as fronteiras e os indícios das sensações, emoções e intenções a serem desvendadas e, ainda carentes de representação, lançando no espaço aberto da imaginação todas as possibilidades de criação.

A linguagem visual, presente no cenário das grandes metrópoles, está densamente 'poluída' pelo imaginário. No dizer de De Certeau (1995, p. 43), "o desenvolvimento do imaginário é a recíproca de uma 'civilização' em que se multiplicam os 'voyeurs' e os contemplativos", e, por seu intermédio, os fluxos semióticos e as redes comunicacionais realizam a tangibilidade cultural dos objetos de consumo.

O fascínio da imagem decorre de sua projeção reflexa, de sua capacidade de revelar, como em um espelho, a abstração narcísica de corpos, gestos, desejos, intenções, e, ao ser evocação do espectro de uma qualidade subjetiva, seu efeito é imediato, para o bem ou para o mal, sobre a capacidade de discernimento dos indivíduos. Nesse sentido, a imagem reúne simbolicamente (e esse é propriamente o significado da palavra 'símbolo'[85]) o 'algo' que estava disperso pelas *descontinuidades* e *relevâncias* à mercê dos *deslocamentos, fruições e interseções*.

À primeira vista, o que surge, no processo de gestação e identificação com os signos visuais, é a ênfase nos processos de *desconstruções* - desconstrução das cidades, 'desconstrução' dos indivíduos, desconstrução das relações -, porque a tensão criativa prepondera na ordem simbólica, principalmente em razão da disseminação de uma linguagem que privilegia um visual fortemente sinestésico em detrimento de um visual linear e seqüencial, recompondo uma outra hierarquia para a percepção sensível.

Desse modo, o fascínio da imagem torna-se parte do 'ocultamento do olhar', e o ponto de interseção é conferido pela possibilidade da *experimentação*, ou seja, a percepção sensível, levada ao seu extremo pela estimulação visual, '*desloca*' as necessidades e os desejos para o coração da experiência. O ato de consumir, materializado por meio das escolhas, e as escolhas, materializadas nas for-

---

[85] *Bállo* significa dançar, lançar, enviar, colocar em direção à algo. e syn significa unir, reunir, aproximar, juntar.

mas culturais do consumo, revelam a interseção entre o fascínio da imagem e o ocultamento do olhar, em que o indivíduo transita entre as experiências sensoriais (sensações), as experiências emocionais (sentimentos), as experiências físicas (ação) e as experiências cognitivas (pensamento), em um amplo e intenso esforço de busca ou de reconhecimento de si mesmo.

2.1 O FASCÍNIO DO 'VER'

A axiomática generalizada do consumo, na vida das grandes metrópoles, tem como um dos seus principais sustentáculos uma troca codificada de signos, que atravessa toda vida individual e todo projeto de vida social.

De acordo com Baudrillard (1996, p. 45), "uma mercadoria deve funcionar como valor de troca para melhor esconder o fato de circular como signo e de reproduzir o código". Dessa maneira, o sistema é mascarado impossibilitando sua 'destruição simbólica'.

Todavia, o efeito desse processo, em que tudo é posto em ação e retirado da ação pelo efeito do signo, não pode ser entendido somente por meio de uma submissão – no sentido negativo - das relações sociais à dominação simbólica que subverte a legitimidade das forças produtivas, tais como a ciência e a tecnologia, pois, se o signo mapeia as sensações, as intenções e os desejos dos indivíduos, e a imagem é um signo referencial importante na existência contemporânea, nela estarão contidas também de modo indiciário as linhas preferenciais da carência (falta) e da abundância (satisfação) ensejadas pela produção e pelo consumo.

Como disse Barthes (1990, p. 32), "toda imagem é polissêmica e pressupõe, subjacente a seus significantes, uma 'cadeia flutuante' de significados, podendo o leitor (o espectador e, por que não, o consumidor) escolher alguns e ignorar outros". Ora, essa polissemia provoca uma interrogação sobre o sentido próprio da imagem, mas não só: também invoca a incerteza sobre as diferentes reações que o resultado da combinação de cores, formas, traços, impressões gráficas, efeitos tridimensionais etc. estimula sobre a percepção sensível do leitor, do espectador e, por que não, do consumidor.

As análises, em sua maior parte, tendem a se fixar no resultado, ou melhor, no efeito da fixação da imagem e da sua mensagem sobre o consciente ou o inconsciente do leitor ou espectador e, nesse sentido, buscam a função da mensagem de um ponto de vista lingüístico. Entretanto, no consumo, a relação com a imagem é prerrogativa de um olhar ainda não revelado para a consciência, ou seja, tem mais ou menos o mesmo sentido de uma 'morte anunciada', como legenda de um desejo ainda não revelado, para o bem ou para o mal. Carência e satisfação, antes de criarem a hipótese para um ver e um olhar ainda anônimo, já estão sob a influência de um *operador semiótico* (Guattari), que atua no sistema como um todo, apossando-se do imaginário e modalizando as *legendas* a serem perpetradas pelas *narrativas alegóricas* - as diferentes trajetórias individuais por meio do consumo.

O *operador semiótico* age no sentido do registro, da regulamentação, dos mecanismos de referência relativa, da regulagem dos fluxos das múltiplas formas de comunicação, precedendo em certa medida à 'traduzibilidade' geral dos valores e ordenando prospectivamente atividades, pensamentos, sentimentos, e todos os modos particularizados de subjetivação. Assim o que capta, de modo fascinante, o indivíduo é uma imagem capaz de seduzir as diferentes tensões que atravessam cada um dos modos particulares de agenciamento dessas atividades, pensamentos e sentimentos que habitam o imaginário, como um anzol que atravessasse a complexidade de elementos das águas do mar ou de um rio e, das suas profundezas, alçasse o elemento pulsante, estabelecendo alguma conexão com a superfície - nesse sentido, com o desejo e, daí, com a consciência.

No entanto, a proliferação de imagens, nas grandes metrópoles, associada à intensidade com que necessidades e aspirações são ativadas pela diferenciação pessoal e exigência do status, na definição de um *estilo de vida* – o que inclui atividades, pensamentos e sentimentos –, tende a adensar as possibilidades objetivas de acesso àquilo que de fato é desejado, favorecendo a desorientação e a *eclipsização da subjetividade.*

De acordo com Baudrillard (1995, p. 64), "quando todo o universo social se urbaniza e a comunicação social se faz total, as 'necessidades' intensificam-se e crescem segundo uma assíntota[86] vertical – não por apetite, mas por concorrência". E como a concentração urbana, e, portanto, os processos de diferenciação individual, acontece a uma velocidade maior que a da produtividade, "acaba por estabelecer-se um equilíbrio neurótico em benefício da ordem mais coerente da produção – já que a proliferação das necessidades acaba por refluir para a ordem dos produtos, integrando-se nela de qualquer maneira".

---

[86] "Tangente a uma curva no infinito; reta limite da família de tangentes a uma curva quando o ponto de tangência tende para o infinito" (DICIONÁRIO AURÉLIO).

A resposta a esse processo, disponível para os indivíduos, pode ser resumida na identificação, de um lado, do chamado *estilo de vida* e, de outro, na fragilidade dos agenciamentos de enunciação, ou seja, aqueles que podem exercer uma integração positiva dos indivíduos no cotidiano do seu existir social.

Em outras palavras, esse 'equilíbrio neurótico', de que fala Baudrillard, encontra uma resposta positiva no sistema como um todo, amplamente legitimada pelo consumo, estreitamente relacionado à representação imagética e, ao mesmo tempo, reflexo de sua antítese, na incapacidade dos agenciamentos de enunciação em atender à necessidade de integração social dos indivíduos, seja no âmbito do *estatuto*[87], seja em uma simples aceitação de um novo integrante em qualquer grupo social.

No ponto nevrálgico do 'equilíbrio', estão as emoções, aquelas que devem ser perscrutadas pelos profissionais do mercado de tal modo, que será impossível ou inevitável resistir aos apelos sensoriais a serem criados e desenvolvidos para seduzir. As imagens projetadas por esse conceito serão como que aríetes do desejo, isto é, estabelecerão, de modo firme e intenso, conexões entre as coisas e as pessoas, e, na sua essência, traduzirão o sentimento de que, na associação entre bens, produtos e serviços, há um sentido geral de inclusão ou de exclusão em determinado grupo, em determinada sociedade.

O patamar em que os meandros desse processo se desenvolverão diz respeito às categorias por meio das quais as muitas diferenças de tempo, lugar, costumes e aparências entre os indivíduos se definirão em face das motivações e desejos perante o consumo.

Como diz a música, *sweet dreams are made of this*[88], isto é, sonhos são feitos da possibilidade infinita de o imaginário projetar os conteúdos e formas das aspirações que preencham o que foi previamente sonhado pelos indivíduos, sustentado por um sentido que ultrapasse a mera funcionalidade dos bens, dos produtos e dos serviços e, desse modo, poder expressar a própria individualidade, naquilo que esta tem de mais peculiar.

---

[87] "Pelo número, redundância, superfluidade, prodigalidade de formas, pelo jogo da moda e por tudo o que neles excede a função pura e simples, os objetos conseguem unicamente simular a essência social – o estatuto – esta graça de predestinação conferida por nascimento só a uns quantos, e que a maioria, por destinação inversa, jamais alcançará" (BAUDRILLARD, 1995, p. 59).

[88] *Sweet Dreams*, do grupo inglês Eurythmics, 1991.

Embora Guattari estabeleça uma distinção clara entre *identidade* e *singularidade*[89], a experiência do consumo, estimulada por um apelo estético projetado cada vez mais como uma totalidade simbólica, interconectada, auto-referida e com maior ênfase na visibilidade, reúne os elementos que, no âmbito do simbólico, operam o cruzamento entre a *singularidade* e a *identidade*.

A experiência do consumo faz parte dos processos de singularização, porque é um dos modos de *funcionamento* do ego e tem a ver com uma das maneiras de articulação das sensações, emoções, pensamentos e ações do indivíduo, persistindo, nessa experiência, a variável constante de uma delimitação positiva e/ou negativa aos modos específicos de identificação com a lógica dominante.

Com o desenvolvimento das tecnologias visuais e a expansão dos mercados na segmentação das necessidades, as delimitações dos processos de singularização se ampliam e ganham maior densidade, de tal modo que a sedução exercida pelas imagens dão ao 'ver' um sentido de experimentação em que as práticas cotidianas – inclusive o consumo – passam a ser vividas por meio de representações mergulhadas em formas que absorvem o conteúdo nas suas aparências.

De fato, na modernidade, as aparências enganam. Isso, porém, não importa; o que interessa é a capacidade que tem esse 'ver seduzido', ao fundir significante e significado em algo que dá prazer em ser visto.

Egmont Arens, um *designer* de embalagens e desenvolvedor de produtos que trabalhava para uma das primeiras agências de publicidade, nos Estados Unidos, na década de 1930, forjou o conceito *consumer engineering* para descrever tudo o que dizia respeito ao complexo esforço para coordenar as atividades de *merchandising* — que ia desde o desenho do produto até a criação da propaganda. O aspecto central desse processo era a noção de *estilo*, ou, como designou Calkins (Calkins & Holden), para quem Arens trabalhava, 'beauty', beleza, como uma nova ferramenta de negócios: "Central para a engenharia do consumo era a noção de que estilo, ou como Calkins a chamou, 'beleza', era a nova ferramenta de negócios, cujo uso inteligente podia gerar vendas e lucro"[90].

---

[89] "Identidade e singularidade são duas coisas completamente diferentes. A singularidade é um conceito existencial; já a identidade é um conceito de referenciação, de circunscrição da realidade a quadros de referência, quadros esses que podem ser imaginários [...] Em outras palavras, a identidade é aquilo que faz passar a singularidade de diferentes maneiras de existir por um só e mesmo quadro de referência identificável" (GUATTARI, 1993, p. 68).

[90] *"Central to consumer engineering, was the notion that style, or, as Calkins called it, 'beauty', was the 'new business tool', whose intelligent use could generate sales and profit"* (EWEN, 1998, p. 45).

Nos dias atuais, o empenho é pelo acesso ao imaginário e que, em vez de negar a realidade do prazer para instaurar a significação simbólica, a absorve na configuração de uma imagem que deve provocar sensações.

Assim, se a Revolução Industrial trouxe o aperfeiçoamento do sistema produtivo, no sentido de atingir os indivíduos-consumidores com imagens projetadas estrategicamente, expropriando dos objetos, por meio do aperfeiçoamento técnico, sua referência original, em razão da supremacia do caráter de reprodutibilidade[91] que caracterizará o período, a Revolução da Informação, na modernidade, trouxe a absorção da referência original pela imagem. O autômato capaz de reprodução mecânica, equivalendo-se ao homem no processo operacional, é substituído pelo cérebro eletrônico dos computadores, como modalizações de *inteligência artificial* à que devem corresponder todas as modulações de diferença.

Sem referência original, não há como operar uma distinção entre o significante e o significado, aprisionando-se o pensamento na sensibilidade superficial que encontra meios para extravasar na arte, mas que acaba compondo uma subjetividade discursiva dispersa, fragmentada nas angústias da impotência e da alienação.

A experiência do consumo costura alguns dos elementos dispersos da subjetividade dado o particular direcionamento que as imagens passaram a representar na estimulação dos desejos e do *daydreaming* (Campbell).

Quando Egmont Arens, em parceria com Roy Sheldon, escreveu *Consumer engineering*, em 1932, os estudos da psicanálise se desenvolviam com Freud, Jung, Alfred Adler, Pavlov e outros, e o 'sentido de toque' era a palavra de ordem conceitual para estimular os estudos sobre o sistema sensorial e sua integração à prática comercial.

Desde então, as imagens são projetadas por meio e para a *fruição* dos sentidos, isto é, devem servir à experiência sensível e, ao alcançar esse intento, fascinam e acabam por sucumbir emoções, sensações e pensamentos na onipresença dos objetos de consumo.

As imagens são, então, absorvidas pela lógica do visual, provocando a vertigem do espelho, porque a imagem torna-se imagem de si mesma, mais ou

---

[91] Como foi apontado por Walter Benjamin (1980, p. 9) : "Despojar o objeto de seus véu, destruir a sua aura, eis o que assinala de imediato a presença de uma percepção, tão atenta àquilo que 'se repete identicamente pelo mundo', que, graças à reprodução, consegue até estandartizar aquilo que existe uma vez só" .

menos como a arte de Andy Warhol que reduplica a mesma figura. O consumo estimulado pelas imagens é um exercício de reprises autenticadas pelo fazer diário, não no sentido do *hábito*, mas em uma repetição cujos vestígios são *descartáveis*, fazendo 'riqueza' dos lixos domésticos aos lixos da produção, em uma dinâmica obsolescência, afetando o ecossistema:

> A destruição material é somente um tipo de perda palpável que é celebrada na cultura do consumo. A propaganda fornece um espetáculo perpétuo de outra variação no tema. Além de nos encorajar a dispor do que temos e substituí-lo por aquilo que estão vendendo, a mensagem comercial por si só representa a normalização de perda e corporifica o ideal de consumo desenfreado[92] (EWEN, 1988, p. 241).

Assim, se a imagem contém alguma possibilidade de acesso à subjetividade, ao ser submetida à lógica do visual, apenas indica, decora, ilustra, distrai, autentica, porém, não mostra. Por essa lógica, o indivíduo é levado a enclausurar suas perspectivas de identificação por meio do consumo. Sem referenciais imagéticos que lhe garantam minimamente a possibilidade da diversidade, submete-se à forma dominante com que os objetos de consumo lhe são mostrados – forma que passa a dizer quem é esse indivíduo.

Como se sabe, a loucura ameaça todo aquele que toma a si mesmo como parâmetro de realidade. Portanto, sem vestígios que lhe permitam retomar sob um outro ângulo a experiência de consumo vivida, o indivíduo acaba por aderir a 'figuras emblemáticas', em um processo de dupla devolução — ao mesmo tempo em que se identifica com a imagem (da lógica visual), ela o abrange e o abarca, ela o envolve e o devolve; desse modo a própria imagem torna-se espelho de si mesma, refletindo o que a reflete, espelho diante do espelho. Colocados um diante do outro – indivíduo e imagem –, imaginam refletir-se até o infinito. Um dos modos de manifestação dessa identificação pode ser exemplificado pela *adesão* a uma grife.

Contudo, embora haja o desejo de que essa relação idílica permaneça para sempre, ou seja eterna, não é isso o que ocorre, porque a realidade é uma 'desmancha-prazeres' e, enquanto um se perde do outro, enquanto o indivíduo se

---

[92] *"Material destruction is only one kind of palpable waste that is celebrated in the consumer culture. Advertising provides a perpetual spectacle of another variant on the theme. Beyond encouraging us to dispose of that which we have and replace it with that which they are selling, 'the commercial message' itself represents the normalization of waste and embodies the ideal of conspicuous consumption."*

'perde' na absorção de si mesmo na imagem, torna-se impossível conhecer sua personalidade identitária.

No entanto, é possível encontrar alguns indícios dessa identidade, pois todo significado tende a tornar-se um significante para outros processos de significação. A relação do indivíduo com os objetos de consumo e sua representação imagética não é uma relação unilateral, linear, uma vez que não são absolutamente idênticos: um é alegoria do outro. Um é remetido, referido ao outro em uma situação de estranhamento, porque os objetos de consumo existem para serem consumidos, assim como a imagem para ser percebida pelo indivíduo. Ou seja, quem dá sentido ao objeto de consumo e sua representação imagética é o indivíduo.

Num jogo de deslocamentos e condensações, cada indício desse estranhamento é também um outro, da mesma maneira que a imagem, como referência dessa relação, é um modo de representar os 'não-ditos' ou os não-imaginados das emoções, sensações, intenções não satisfeitas no ato de consumir.

A fascinação no exercício de ver os objetos de consumo tende, então, para o mergulho nas narrativas alegóricas provocadas pelo ocultamento do olhar que, no cotidiano, eclipsa a subjetividade.

2.2 O OCULTAMENTO DO OLHAR

O que fundamenta o ocultamento do olhar são as *narrativas alegóricas* – as trajetórias cotidianas em que a identidade vai se forjando por meio da experiência do consumo.

A alegoria tem um sentido de carência, de ausência, de uma substancialidade que não pode ou não consegue se evidenciar. No entanto, como é índice de algo que poderia ter sido, mas não foi, é também denúncia implícita das razões e motivos suprimidos nas práticas cotidianas.

A experiência do consumo, ao não explicitar para o indivíduo a denúncia de que as experiências são simultaneamente cognitivas e metafóricas, porque é próprio desse domínio um posicionamento estrutural das sociedades (mais especificamente dos mercados) de atendimento e respostas às necessidades, desejos, e os respectivos problemas decorrentes, que mascaram as 'necessidades essenciais', acaba por vincular-se à lógica dominante do visual, cuja função é perpetuar a coerência e as finalidades do sistema produtivo.

Desse modo, é como se, indefinidamente, cada ato de consumo apontasse para uma 'outra coisa' que não o reconhecimento do próprio indivíduo naquele ato, como se todo ato de consumo fosse um processo de metamorfoses contínuas. Nada, então, tem uma identidade em si, tal a intensidade com que a lógica visual perpetua o sistema de trocas simbólicas.

No entanto, como o processo é extremamente dinâmico, esse direcionamento contínuo para o não-idêntico, em um jogo em que aquilo que está próximo (o modo de vida, o ciclo de relações, a casa, o trabalho...), por meio do consumo, parece distanciado, e o que está distante (os desejos, as emoções, as sensações...) se mostra muito próximo, abrem-se infinitas possibilidades de identificação, já que existe uma contínua remissão ao outro, em um processo de elaboração constante.

É por essa razão que a trajetória individual, no consumo, se consuma por meio das marcas, das grifes, porque não são os personagens (consumidores) que darão sentido aos objetos de consumo, mas, sim, sua exaltação, por intermédio das imagens que projetam as marcas em uma apropriação universalizada, porque pode ser utilizada em qualquer parte ou lugar e permite que todos se sintam de acordo com os sinais de inclusão e participação social.

Paramentados pela lógica visual, os objetos de consumo absorvem a estranheza do consumidor (do outro) e, como essa tem sua origem na retórica por meio da qual esse indivíduo-consumidor envereda por trajetórias a maior parte das vezes enigmáticas, os processos de interpretação sobre os seus comportamentos, nas práticas diárias, são cada vez mais exigentes, no sentido de uma análise pela complexidade.

Entretanto, a dificuldade implícita dessa interpretação faz com que a análise venha a sucumbir aos racionalismos dominantes, levando-a a fixar-se na compreensão da relação identidade-consumo apenas como o átimo de um referencial objetivado, como, por exemplo, aquele das categorias ou classificações das macroteorias.

Esse modo quase que exclusivo de perpetrar a interpretação sobre o indivíduo-consumidor favorece o 'ocultamento do olhar', porque não busca o enfrentamento da oposição implicada em uma alegoria que aponta para um 'outro dizer'. Nesse sentido, o exercício cotidiano do consumo é um processo em que cada um perde genericamente sua identidade ao identificar-se com aquilo (objeto de consumo) que não é. Porém, ao assumir essa identificação com aquilo que não é, apropria-se de um outro modo de ser, não como acréscimo, mas como alteração em que se modificam os pontos de conexão, portanto, em um processo que não pode ser analisado com base nos elementos anteriores, mas na projeção das intencionalidades, sensações, emoções, que motivaram a ação e que estão presentes na imaginação.

Todavia, a construção alegórica é uma elaboração sintética, não é detalhada, é uma conjugação em que os elementos, na contigüidade, 'miscigenam-se', confundem, embaralham a vista. Cada um dos elementos adquire um novo significado em decorrência da complexidade de relações envolvidas e, então, esse duplo significado torna qualquer parte do processo como não idêntica a si mesma, daí a 'eclipsização' dos sentidos e dos significados.

O ato de consumir estabelece a relação entre dois elementos concretos: o indivíduo-consumidor e os objetos de consumo. A lógica visual introduz um elemento abstrato nessa relação e é desse modo que a alegoria acaba por expressar, por meio de aspectos abstratos, um significado concreto.

Portanto, para se compreender essa relação, será preciso recuperar a 'tensão' inerente à alegoria presente no ato de consumir. As *narrativas* alegóricas do consumo, camufladas no interior de uma significação que se pretende apenas uma pálida representação de uma manifestação abstrata do indivíduo na sua prática diária, acaba por estabelecer um padrão autoritário de identificação.

A lógica visual submete os objetos do consumo à obscuridade dos convencionalismos da linguagem. Nesse sentido, aprisiona a *singularidade* do indivíduo em um fetichismo que lhe é inerente, isto é, quanto mais redundantes e mais restritas as possibilidades de intermediação da imagem por meio de uma linguagem reificada, mais intenso se torna o efeito de sua permanência na mente do indivíduo, porque mais cristalizado fica o convencionalismo semântico da linguagem, conferindo à imagem um certo caráter de perenidade para o objeto ou o conceito que esta venha a representar.

Em decorrência, os *agenciamentos de enunciação* passam a oscilar entre a obscuridade da linguagem e seu convencionalismo, porque não conseguem – na atividade de consumo – ir ao encontro de uma significação mais evidente, mais clara, do sentido presente no ato de consumir. Não conseguem porque as *narrativas alegóricas* que cada indivíduo engendra no seu cotidiano, por meio do consumo como um dos modos de referência identitária, por não conseguirem tornar-se linguagem, já que esta é prisioneira da lógica visual, também não se tornam acessíveis ao conhecimento; em razão disso, como a produção de um conhecimento novo está cerceada, não há mais nada a ser dito, portanto, só resta à subjetividade 'perder-se' no consumo e deixar-se consumar pelo efeito narcotizante do visual.

Desse modo, a lógica do consumo vai se compondo gradual e diariamente na construção de um sentido perfeitamente claro para aqueles *iniciados* (consumidores-incluídos) nos diferentes sistemas de trocas. E, embora seja absolutamente estranha para os *não-iniciados* (a extensa população de miseráveis que vivem à mercê do mercado), o obscurantismo de sua linguagem pode ser proporcional ao obscurantismo dos *iniciados* (consumidores), pois esses entendem que, de alguma maneira, dominam os significados e os códigos da *alegoria* que narra sua trajetória diária no consumo.

Entretanto, esse entendimento dos consumidores pode corresponder a algo que 'alguém' entendeu por eles, indicando que talvez o significado dessa lógica possa ser outro; a significação não está esgotada nela mesma, podendo ser lida e interpretada por meio de outras referências.

A resposta talvez esteja no próprio jogo de tensões criado na experiência do consumo, porque a identificação das contradições presentes no ato de consumir e aprisionadas nas *narrativas alegóricas* não está na depuração da lógica visual, nem da representação imagética, mas na apreensão dos vetores que determinam a dinâmica cristalizada de determinadas práticas cotidianas.

Assim, do mesmo modo que é necessário discernir os aspectos camuflados do sistema de trocas simbólicas da sociedade, para se poder formular novas perspectivas de ações e mesmo novas possibilidades de representação dessas ações, a própria leitura das trocas simbólicas necessita transformar-se em uma *narrativa alegórica*, isto é, na leitura dos elementos tensionais aparentemente submersos, porém decifráveis, nos indícios e marcas deixados pelo próprio processo de submersão.

Se a *narrativa alegórica* contém a contradição de tender ao *ocultamento do olhar*, a superação dessa impossibilidade depende da recuperação do sentido de totalidade. Concepção que, nesta análise, implica outras noções, tais como indeterminação e complementaridade, que pressupõem um sentido ativo de anéis ou elos animados por movimentos simultaneamente antagônicos e complementares.

A subjetividade ocultada ao olhar do indivíduo na experiência do consumo, em razão dos desvios provocados pela linguagem visual, dissolve-se na realidade da organização social e, para ser compreendida, necessita de um 'outro' olhar, capaz de buscar suas dobras, suas zonas de turbulência e o caráter inevitável ou fortuito com que o acaso e a necessidade se articulam compondo significados, em uma inesgotável capacidade de o indivíduo construir sentidos inserido em um sistema de trocas simbólicas por intermédio do relacionamento com outros significados oriundos do próprio sistema.

CONCLUSÃO

> A preocupação com os outros, os de fora,
> os diferentes, não é fenômeno dos tempos modernos,
> parecendo mesmo tratar-se de uma pulsão
> pelo reconhecimento crítico de si,
> através do assujeitamento valorativo do outro,
> que se inscreve na natureza humana.
> *EDGARD DE ASSIS CARVALHO*

Na modernidade, a relação entre o indivíduo e as tantas determinações que atravessam um processo longo e, na maioria das vezes, doloroso de constituição de sua identidade, é resultado de interações complexas.

Esse indivíduo não tem, portanto, uma definição simples, e muitas de suas múltiplas e até contraditórias referências interferem nas representações do seu jeito e modo de ser cotidiano. Além dos muitos elementos e fatores que compõem esse processo, há o modo diversificado e variado com que eles se interrelacionam no interior de determinados sistemas e seus respectivos contextos. Por essa razão, não é possível analisar o processo de construção identitária partindo-se de uma definição *a priori*, no sentido de que sistemas complexos são caracterizados por elementos que não podem ser meramente determinados pelo ponto de vista do observador, apesar de sua análise estar impregnada do seu sentido de observação.

O reconhecimento dessas limitações é fundamental inclusive para se ter clareza sobre as linhas fronteiriças entre as diferentes instâncias, níveis e âmbitos de interseção dos vetores que fazem com que cada indivíduo se constitua na pessoa que é, bem como para a compreensão de sua "latência inerente" (LUHMANN, 1995, p. 61), de modo que não limite a análise, precipitadamente, às questões das teorias sistêmicas da biologia, sociologia, antropologia ou psicologia, porque significaria de antemão o privilégio de um campo de conhecimento (as macroteorias) em detrimento de uma relação que inclui apenas perceber e pensar, mas também a ação, ou seja, aquilo que é vivenciado diariamente pelos indivíduos.

As macroteorias empenham-se para elucidar os fatos, fenômenos e eventos da realidade, no sentido de torná-los claros, objetivos e, nesse sentido, confiáveis para a percepção. No entanto, a complexidade em que o mundo está embrenhado indica que há sempre algo novo, inusitado, a ser visto, observado, percebido, o que também está impregnado de outros elementos complexos, "porque um problema e sua solução nunca são desvinculados do universo discursivo dentro do qual foram formulados" (CERUTI, 1995, p. 41).

Portanto, a volatilidade dos eventos, a velocidade das mudanças, a interconexão entre possíveis universos discursivos, como, por exemplo, a comunicação *multimídia*, tornam o conhecimento cada vez mais prisioneiro da impossibilidade de definir exaustivamente seu objeto. Assim, as alternâncias, ambigüidades e variações, parte da dinâmica da vida, também impõem a necessidade de mudanças na maneira de ver (*deslocamento do olhar*). O cinema é uma alegoria desse movimento. A linguagem cinematográfica, sob vários aspectos, reúne os elementos que indicam a confluência dos olhares que compõem uma narrativa; mesmo assim, será sempre dependente do olhar do espectador.

As referências intercruzadas da identidade e do consumo pressupõem um complexo sistema de mudanças processadas ao longo do desenvolvimento das sociedades. Não se trata de um processo **material**, mas sim de interações diversas com modalidades culturais de inserção mobilizadas por expectativas de segurança e confiabilidade.

As práticas cotidianas, em sua regularidade, são organizadas com essa finalidade, isto é, garantir minimamente que a vida permaneça estável e segura.

Todavia, o fluxo diferenciado dos eventos associado ao fluxo veloz de articulações elementares, que dizem do modo de produção da vida na modernidade, captura o indivíduo na dança do caos e da complexidade, em uma mobilidade frenética de interseções.

O entrelaçamento dos eventos e relações sociais 'a distância', por diferentes meios, ao mesmo tempo em que provoca a expansão das fronteiras, não só geográficas, também ocasiona a mutabilidade das circunstâncias e dos engajamentos processados diariamente nas contextualidades locais. Uma das conseqüências é a inevitabilidade com que algumas transformações provocadas por essa característica da modernidade acabam por acarretar na vida de um modo geral. Ninguém consegue permanecer invulnerável aos efeitos, por exemplo, de uma crise de energia, uma catástrofe ecológica, ou ações de terroristas, e o sentido de invulnerabilidade e insegurança convive contraditoriamente com a produção de linguagens – como a da **mídia** – que atenua o choque que eventualmente a realidade venha a causar nos esquemas de segurança.

Entretanto, o efeito dessas linguagens não é linear. Ao contrário, é ambíguo, conflituoso e, na maioria das vezes, tensionado, de um lado, pela desqualificação processada diariamente pelos **sistemas peritos** (GIDDENS, 1991, p. 35), ou pelos vários níveis de especializações e especialistas que se apropriam das experiências cotidianas na produção de uma reflexividade que inibe a capacidade de o indivíduo saber e a capacidade de pensar sobre o que é conhecido, e, de outro lado, pela absorção da sensibilidade, criatividade e confiabilidade, em modalidades pragmáticas de aceitação social por intermédio de sistemas abstratos, como se cada indivíduo entrasse em uma espécie de acordo com os diversos setores, instituições e organizações da sociedade, depositando neles algum sentido de confiabilidade.

A tecnologia, principalmente aquela relativa à produção da chamada 'realidade virtual', reúne as condições para combinar prazer e segurança, ainda mais quando se trata de processos de consumo. De acordo com Kevin Robbins (1996, p. 1250): "O mundo real, com toda sua imprevisibilidade e intratabilidade, pode ser anulado em favor de uma cópia simulada que responde aos onipotentes desejos e fantasias do seu consumidor". [93] Prazer e segurança que se apóiam na sensação da liberdade de escolha, a mesma presente na concepção das diferentes formas de interatividade propiciadas pelas redes informatizadas.

---

[93] *"The real world, with all its unpredictability and intractability, may be cancelled out in favour of a simulated copy that responds to the omnipotent desires and fantasies of its consumer."*

Essa sensação se fortalece quanto mais a sociedade torna-se altamente diferenciada e quando os diferentes âmbitos e esferas da vida tornam-se densamente intercambiáveis, compelindo os indivíduos para a necessidade de buscar as referências para a construção de sua identidade sob pena de enfrentar uma autodissolução do *ego*.

Como não é possível mais depender da regulação anteriormente oferecida pelas instituições tradicionais, é preciso que cada indivíduo **lute** por sua própria individualidade; essa é a demanda que colocará a cada uma das dimensões de sua vida. Aceitando o jogo que se trava diariamente entre suas necessidades, interesses e desejos e aquilo que lhe é exigido pelos diferentes sistemas de inserção social, seja a sua formação educacional, o mercado de trabalho, ou as relações com o Estado, o indivíduo experimenta uma individualidade que oscila entre uma consciência maior dos seus direitos como cidadão e a atomização de sua intimidade em *links* pontuais com o mundo à sua volta.

Nesse contexto, o indivíduo está condenado à atividade, e viver sua própria vida segundo os ditames da obrigação de se manter ativo também incide sobre as possibilidades de falhar ou fracassar, no sentido de que sua própria vida é também a medida do seu sucesso ou do seu fracasso.

A despeito das implicações decorrentes desse pressuposto, como, por exemplo, a ocorrência acentuada de doenças psicossomáticas causadas pelo estresse, a influência dos problemas sociais, como o desemprego, sobre as relações interpessoais, ou os conflitos generalizados com grupos minoritários de homossexuais, estrangeiros, excluídos de um modo geral em busca de integração, o consumo ocupa um lugar privilegiado de reconhecimento e identificação das agruras e das possibilidades vividas pelo indivíduo nas grandes cidades.

O consumo estigmatizado pelas macroteorias ofuscou a leitura das 'biografias' individuais, que se constroem por meio de **narrativas alegóricas**, no cotidiano das grandes metrópoles, de um olhar mais próximo da percepção sensível.

No entanto, alguns dos elementos relacionados ao ato de consumir revelam perspectivas da subjetividade contida nas escolhas, omissões, capacidades, incapacidades, conquistas, revelações, compromissos e negações de cada uma das individualidades aprisionadas na condição irremediável da sobrevivência diária.

E, na atividade do consumo, o apelo não é o mesmo da produção, embora ainda persista alguma forma de atividade. No consumo, não é o ato da fabricação que prepondera, mas o ato de tornar visível, de fazer aparecer e, de algum modo, dar visibilidade ao desejo e à necessidade. Trata-se de um constante reinvestimento da imagem naquele sentido objetivado de bem, produto ou serviço que em algum momento aplacou ou saciou a necessidade.

Terreno fértil para a sedução que, em um jogo surdo e dinamizado pela vida nômade das inserções diárias, se desenvolve na ambivalência da intimidade oclusa e da ordem do visível. A sedução se contrapõe à produção, ao processo de fabricação evidenciado das vontades identificadas pela lógica do mercado, porque nela reside o poder de liberação real na proporção do valor, do desejo e da energia que potencializa.

O âmbito da produção pressupõe o algoritmo da eficácia em relação aos conceitos e energias mensuráveis, em que todo comportamento pode ser acumulado, arrolado, recenseado, movimento esse acompanhado e mapeado pelas macroteorias. De outra parte, o universo da sedução se insere nas dimensões experimentais da vida, da pura sensação.

O consumo representa uma interface entre essas duas dimensões e, como tal, é uma via de acesso à subjetividade, em um entrecruzamento de vários planos, desde que se possa articular o significado primeiro e aparente do ato de consumir àquele significado outro, mais profundo, que lhe é subjacente e que fala da inserção do indivíduo em uma sociedade atravessada por contraditórios processos de geração de conflitos e novas formas de separação; portanto, desde que se tome como referência a hibridização da identidade como uma característica da modernidade, considerando-a como o resultado da interseção e combinação de influências, desafios e tendências, ou mesmo sua resistência, para além dos horizontes geopolíticos, embora esteja embutida nesse processo a emergência de conflitos com outras identidades.

Como a lógica dominante obedece aos vetores da obrigação de liquidez, de fluxo, de circulação acelerada das várias dimensões da individualidade, em uma réplica, cópia, o mais próxima possível daquilo que rege o valor conferido pela assim chamada lógica do mercado – ou seja, é preciso que o capital continue circulando, que a cadeia de investimentos e 'reinvestimentos' não cesse e que o valor seja assim constantemente capitalizado –, as duas dimensões, a da produção e a da sedução, são achatadas no pragmatismo circundante da lógica da mercadoria.

No entanto, esse processo é dinâmico e, nas tensões que gera, o indivíduo se descobre na sua singularidade, assumindo sua vida com os outros não mais como contradição entre termos, mas como apropriação interna: "viver sozinho, significa viver socialmente" (BECK, 2000, p. 171)[94]. Assim, a sedução, que é um processo altamente ritualizado, apesar de esvaecer-se no imperativo da realização imediata de um desejo invariavelmente presente no ato de consumir, assume a forma de um empreendimento individual, tornando-se parte da trajetória identitária.

A subjetividade, tensionada então pela mobilidade frenética do mundo de *fora*, no qual circulam processos 'maquínicos', econômicos, sociais, tecnológicos, ecológicos, enfim, sistemas de várias ordens, e do mundo de *dentro*, atravessado pela conjunção dos modos de percepção, de significação, de representação e valorização dos comportamentos, gestos e sentimentos, residualmente desenvolve modos de liberação.

Entretanto, como a linguagem – principalmente a visual - é prisioneira de vários modelos de simulação, o acesso à subjetividade deve ser buscado no interstício das várias modulações do existir humano. Essa busca, embora necessite de categorias para distinguir e, assim, poder ler e interpretar, não deve ser direcionada apenas pelo poder discriminador da observação e da distinção com que o observador ou o intérprete submete os eventos, os fatos, e as situações, mas deveria voltar-se para a própria distinção em si, considerando dois aspectos fundamentais. Um deles diz respeito ao ocultamento das distinções colocadas em jogo no momento mesmo em que o analista procede à sua análise. Na observação e interpretação, já estão presentes os pressupostos discricionários do observador e do intérprete, de tal modo que as distinções que venham a produzir remetem às perguntas de sua própria subjetividade. Como afirma Luhmann (1995, p. 65-66),

> Somente podemos observar com auxílio de um corte, de um limite, de uma fenda, que podemos cruzar, mas não podemos "suprimir", sem retornar ao inobservável. [...] Quando o conhecimento procura observar a si mesmo, ele finalmente depara-se com o problema da unidade do distinguido. Ele é punido com paradoxalidade, devendo então ocupar-se com a pergunta, que distinções e definições, que identificações deseja escolher (!) para desmembrar a paradoxalidade. Ele será forçado a uma resolução criativa da paradoxalidade e pode permitir o domínio da consideração na escolha das formas apropriadas.

---

[94] *"Living alone, means living socially".*

O esforço empreendido na identificação dessas 'formas apropriadas' não pode prescindir dos conceitos, lembrando, como diz Deleuze (1992, p. 29-30), que

> Num conceito, há, no mais das vezes, pedaços ou componentes vindos de outros conceitos, que respondiam a outros problemas e supunham outros planos. Não pode ser diferente, já que cada conceito opera um novo corte, assume novos contornos, deve ser reativado ou retalhado.

> Mas, por outro lado, um conceito possui um devir que concerne, desta vez, a sua relação com conceitos situados no mesmo plano.

Assim, a malha conceitual é tecida não só em razão dos problemas sobre os quais se debruça, mas também naquilo que o outro interpõe como expressão de uma outra percepção possível. Não se trata, portanto, apenas da capacidade ou das possibilidades de distanciamento da complexidade de interações presente na análise, mas do exercício em direção à brecha, à fissura, à abertura das fibras fragmentadas do pensamento, driblando o imperativo da coerência lógica e assumindo a contradição e o paradoxismo como inerentes ao processo criativo.

Porque, de acordo com E. Morin et al (2000, p. 117),

> Não existe pensamento que possa assimilar logicamente o escândalo da contradição, a não ser numa prestidigitação que tornaria "lógica" a contradição. As lógicas "enfraquecidas" podem integrá-lo sem qualificá-lo. Além do mais, o problema da contradição alimenta uma contradição interna em seu seio: de uma parte, o raciocínio nos pede que tentemos excluir a contradição reencontrada, porque ela desemboca numa incoerência; de outra parte, ele nos pede que a salvaguardemos para ultrapassar as oposições que esterilizam o pensamento.

Portanto, ao indivíduo também não está dada a possibilidade de encontrar-se absolutamente na superação de suas contradições. A 'desirabilidade' que comanda suas paixões e lhe acena com pequenos e furtivos regalos da realidade à sua volta ao mesmo tempo em que é a condição de sua sobrevivência, também é a causa da sua perdição, e, como esse é um atributo da animalidade do seu ser humano, há que se deixar "deslizar pelos caminhos das multiplicidades reais" (GUATTARI), extravasar os diferentes fluxos das manifestações do desejo como forma de liberar-se dos artifícios impregnados nas dobras da subjetividade.

Diariamente

NANDO REIS

Para calar a boca, rícino
Para limpar a lousa, Para lavar a roupa, Omo
Para viagens longas, jato
Para difíceis contas, calculadora
Para o pneu na lona, jacaré
Para a pantalona, nesga
Para pular a onda, litoral
Para lápis ter ponta, apontador
Para o Pará e o Amazonas, látex
Para parar na Pamplona, Assis
Para trazer à tona, homem-rã
Para a melhor azeitona, Ibéria
Para o presente da noiva, *marzipan*
Para o Adidas, o conga nacional
Para o outono, a folha exclusão
Para embaixo da sombra, guarda-sol
Para todas as coisas, dicionário
Para que fiquem prontas, paciência
Para dormir a fronha madrigal
Para brincar na gangorra, dois
Para fazer uma touca, *bobs*
Para beber uma coca, *drops*
Para ferver uma sopa, graus
Para a luz lá na roça, 220 *volts*
Para vigias em ronda, apagador
Para o beijo da moça, paladar
Para uma voz muito rouca, hortelã
Para cor roxa, ataúde

Para galocha, *verlon*
Para ser *model*, melancia
Para abrir a rosa, temporada
Para aumentar a vitrola, sábado
Para cama de mola, hóspede
Para trancar bem a porta, cadeado
Para que serve a calota Volkswagen?
Para quem não acorda, balde
Para letra torta, pauta
Para parecer mais nova, Avon
Para os dias de prova, amnésia
Para estourar pipoca, barulho
Para quem se afoga, isopor
Para levar na escola, condução
Para os dias de folga, namorado
Para o automóvel que capota, guincho
Para fechar uma aposta, paraninfo
Para quem se comporta, brinde
Para a mulher que aborta, repouso
Para saber a resposta, vide o verso
Para escolher a compota, Jundiaí
Para a menina que engorda, Hipofagin
Para a comida das orças, crio
Para o telefone que toca,
Para a água lá na poça
Para a mesa que vai ser posta
Para você o que você gosta
DIARIAMENTE.

REFERÊNCIAS BIBLIOGRÁFICAS

APPADURAI, Arjun. *Modernity at large* – cultural dimensions of globalization. 5rd. University of Minnesota Press, 2000.

AUMONT, Jacques. *A imagem*. Campinas: Papirus, 1993.

BALANDIER, Georges. *A desordem* – elogio do movimento. Rio de Janeiro: Bertrand Brasil, 1997a.
_____. *O contorno* – poder e modernidade. Rio de Janeiro: Bertrand Brasil, 1997b.
_____. *O dédalo* - para finalizar o século XX. Rio de Janeiro: Bertrand Brasil, 1999.

BARTHES, Roland. *Elementos de semiologia*. São Paulo: Cultrix, 1971.
_____. *A câmara clara*. Lisboa: Edições 70, 1980a.
_____. *Mitologias*. 4. ed. São Paulo: Difel, 1980b.
_____. *O óbvio e o obtuso*. Rio de Janeiro: Nova Fronteira, 1990.

BAUDRILLARD, Jean. *O sistema dos objetos*. 2. ed. São Paulo: Perspectiva, 1989.

_____. *As estratégias fatais*. Lisboa: Editorial Estampa, 1990.

_____. *Simulacros e simulação*. Lisboa: Relógio D'Água, 1991.

_____. *A transparência do mal* – ensaios sobre os fenômenos extremos. 2. ed. Campinas: Papirus, 1992a.

_____. *Da sedução*. Campinas: Papirus, 1992b.

_____. *À sombra das maiorias silenciosas* – o fim do social e o surgimento das massas. 3. ed. São Paulo: Brasiliense, 1993.

_____. *A sociedade de consumo*. Rio de Janeiro: Elfos, 1995.

_____. *A troca simbólica e a morte*. São Paulo: Loyola, 1996.

_____. *Ilusão do fim ou a greve dos acontecimentos*. Lisboa: Terramar, 1997

BAUMAN, Zigmunt. *Ética Pós-Moderna*. São Paulo: Paulus, 1997.

_____. *Postmodernity and its Contents*. New York: New York University Press, 1997.

_____. O Mal-Estar da Pós-Modernidade. Rio de Janeiro: Jorge Zahar, 1998.

_____. *Globalization – The Human Consequences*. New York: Columbia university Press, 1998.

BECK, U. *Living your own life*. In: GUIDDENS, A.; HUTTON, W. (Orgs.).*Runaway world*: individualization, globalization and politcs. 2000.

BELL, Daniel. *The cultural contradictions of capitalism*. Nova York: Basic Books, 1996.

BENJAMIN W. et al. *The end of ideology*. Nova York: Free Press, 1965.

_____. Textos escolhidos. São Paulo: Abril Cultural, 1980. (Os Pensadores).

BOURDIEU, Pierre. *La distinction – critique sociale du jugement*. Paris: Les Editions de Minuit, 1979.

_____. *O poder simbólico*. Rio de Janeiro: Bertrand Brasil, 1989.

_____.*A obra de arte na época de sua reprodutividade técnica*. 1990.

_____. *As regras da arte*. São Paulo: Companhia das Letras, 1996.

_____. *Outline of a theory of practice*. Nova York: Cambridge University Press, 1999.

CAMPBELL, Colin. *A ética romântica e o espírito do consumismo moderno*. Rio de Janeiro: Rocco, 2001.

CANCLINI, Nestor Garcia. *Consumidores e cidadãos* - conflitos multiculturais da globalização. Rio de Janeiro: Editora da UFRJ, 1997a.

_____. *Cultura híbridas*. São Paulo: Edusp, 1997b.

CASTORIADIS, Conelius. *As encruzilhadas do labirinto/1.*São Paulo: Paz e Terra, 1997a. v.1.

_____. *As encruzilhadas do labirinto/2* – os domínios do homem. Rio de Janeiro: Paz e Terra, 1997b.

_____. *As encruzilhas do labirinto/3* – o mundo fragmentado. Rio de Janeiro: Paz e Terra, 1998.

_____. *As encruzilhadas do labirinto/5* – feito e a ser feito. Rio de Janeiro: DP & A Editora, 1999.

CASTRO, Gustavo de; CARVALHO, Edgar de Assis; ALMEIDA, Maria da Conceição de. *Ensaios de complexidade*. Porto Alegre: Sulina, 1997.

CANEVACCI, Massimo. *Dialética do indíviduo*. São Paulo: Brasiliense, 1981.

CHESNEAUX, Jean. *Modernidade-Mundo*. Petrópolis: Vozes, 1995.

DE CERTEAU, Michel. *Artes de faze*r - a invenção do cotidiano. Petrópolis: Vozes, 1994.

_____. *A cultura no plural*. São Paulo: Papirus, 1995.

CILLIERS, Paul. *Complexity & postmodernity* – understanding complex systems. Nova York: Routledge, 2000.

CROCKER, D.; LINDEN, T. *Ethics of consumption*. USA: Rowman & Littlefield Publishers, 1998.

DEBRAY, Regis. *Vida e morte da imagem* - uma história do olhar no Ocidente. Petrópolis: Vozes, 1993.

DELEUZE, Gilles. *A lógica do sentido*. São Paulo: Perspectiva, 1974.

_____. *Conversações*. Rio de Janeiro, Editora 34, 1990.

DELEUZE, Gilles; GUATTARI, Felix. *Caosmose* – um novo paradigma estético. Rio de Janeiro: Editora 34, 1992a.

_____. *O que é a Filosofia?* Rio de Janeiro: Editora 34, 1992b.

_____. *Mil platôs* – capitalismo e esquizofrenia. Rio de Janeiro: Editora 34, 1995. v. 1 e v. 2.

_____. *Mil platôs* – capitalismo e esquizofrenia. Rio de Janeiro: Editora 34, 1996. v. 3.

DOMINGUES, Diana (Org.). *A arte no século XXI*. São Paulo: Editora da Unesp, 1997.

DOUGLAS, M.; ISHERWOOD, B. *The world of goods*. Nova York: Routledge, 1996.

ECO, Umberto. *Obra aberta*. São Paulo: Perspectiva, 1971.
_____. *Os limites da interpretação*. São Paulo: Perspectiva, 1995.

ELIAS, Norbert. *O processo civilizador*. Rio de Janeiro: Zahar Editores, 1990.
_____. *A sociedade dos indivíduos*. Lisboa: Publicações Dom Quixote, 1993.

ENGEL, J. F.; BLACKWELL, R. D.; MINIARD, P. W. *Consumer behavior*. Orlando: Harcourt Brace College Publishers, 1995.

EWEN, Stuart. *All consuming images* – the politics of style in contemporary culture. Cambridge: The MIT Press, 1988.

FALK, P.; CAMPBELL, C. *The shopping experience*. Londres: Sage Publications Ltd., 1997.

FEATHERSTONE, Mike. *Cultura global*. Petrópolis: Vozes, 1994.
_____. *Cultura de consumo e pós-modernismo*. São Paulo: Studio Nobel, 1995.

FERRY, Luc. *Homo aestheticus* – a invenção do gosto na era democrática. São Paulo: Ensaio, 1994.

FOSTER, Hal (Org.). *The anti-aesthetic* – essays on postmodern culture. Nova York: New Press, 1990.

GIDDENS, Anthony. *As consequências da modernidade*. São Paulo: Editora da Unesp, 1991
_____. *The transformation of intimacy* – sexuality, vove & eroticism in modern societies. Califórnia: Stanford University Press, 1992.
_____. *Modernidade e identidade pessoal*. Oeiras: Celta,1994
_____. *Para além da esquerda e da direita*. São Paulo: Editora da Unesp, 1996.
_____. *Global capitalism*. Nova York: The New York Press, 2000a.
_____. *Runaway world*. Nova York: Routledge, 2000b.

GIDDENS, Anthony; BECK, Ulrich; LASH, Scott. *Modernização reflexiva*. São Paulo: Editora da Unesp, 1997.

GREIMAS, A. J.; FONTANILLE, J. *Semiótica das paixões*. São Paulo: Ática, 1993.

GOFFMAN, Erwin. *A representação do eu na vida cotidiana*. Petrópolis: Vozes, 1999.

GOODWIN, Neva; ACKERMAN, F.; KIRON, D. *The consumer society*. USA: Island Press, 1997.

GUATTARI, Felix. *Revolução molecular* – pulsações políticas do desejo. São Paulo: Brasiliense, 1987.

GUATTARI, Felix; ROLNIK, Suely. *Micropolítica* – cartografias do desejo. 3. ed. Petrópolis: Vozes, 1993.

HABERMAS, J. A nova intransparência – a crise do estado do bem-estar social e o esgotamento das energias utópicas. *Revista Novos Estudos*, n.18, set. 1987. Cebrap.

HARRIS, David. *A society of signs*. Nova York: Routledge, 1996.

HARVEY, David. *A condição pós-moderna*. São Paulo: Loyola, 1992.

HAUG, Wolfgang Fritz. *Crítica da estética da mercadoria*. São Paulo: Editora da Unesp, 1997.

HELLER, Agnes. *Sociología de la vida cotidiana*. Barcelona: Ediciones Peninsula, s. d.

HUTTON, Will; GIDDENS, Anthony (Orgs.). *Global capitalism*. Nova York: New Press, 1990.

JAMESON, Fredric. O inconsciente político. São Paulo: Ática, 1992.
_____. *As marcas do visível*. Rio de Janeiro: Graal, 1995.
_____. *Pós-modernismo* – a lógica cultural do capitalismo Tardio. São Paulo: Ática, 1996.

KEHL, Maria Rita. O desejo da realidade. In: NOVAES, Adauto. *O desejo*. São Paulo: Companhia das Letras, 1990.

LASCH, Cristopher. *O mínimo eu*. São Paulo: Brasiliense, 1986.

LAPLANTINE, François; NOUSS, Aléxis. *Le métissage*. Paris: Flammarion, 1997.

LEFÈBVRE, Henri. *La production de l'espace*. Paris, 1974
_____. *A revolução urbana*. Belo Horizonte: Editora da UFMG, 1999.

LEVY, Pierre. *As tecnologias da inteligência* – o futuro do pensamento na era da informática. Rio de Janeiro: Editora 34, 1993.

_____.*A inteligência coletiva* – por uma antropologia do ciberespaço. Lisboa: Instituto Piaget, 1997.

LINS, Daniel (Org.). *Cultura e subjetividade* – saberes nômades. Campinas: Papirus, 1997.

LIPOVETSKY, Gilles. *A era do vazio*. Lisboa: Relógio D'Água, 1989a.

_____. *O império do efêmero*. São Paulo: Companhia das Letras, 1989b.

_____. *O crepúsculo do dever*. Lisboa: Publicações Dom Quixote, 1994.

LUCKMANN, Thomas; BERGER, Peter. *A construção social da realidade*. 4. ed. Petrópolis: Vozes, 1976.

MAFFESOLI, Michel. *A conquista do presente*. Rio de Janeiro: Rocco, 1984.

MARTIN-BARBERO, J.; REY, German. *Os exercícios do ver*. São Paulo: Editora do Senac, 2001.

MCCRACKEN, Grant. *Culture & consumption*. Bloomington: Indiana University Press, 1990.

MERLEAU-PONTY, M. *O visível e o invisível*. São Paulo: Perspectiva, 1992.

MORAES FILHO, Evaristo de (Org.). *Simmel*. São Paulo: Ática, 1983.

MORIN, Edgar.. *O problema epistemológico da complexidade*. Lisboa: Publicações Europa-América, 1983.

_____. *Para sair do século XX*. Rio de Janeiro: Nova Fronteira, 1986.

_____.*Introdução ao pensamento c*omplexo. Lisboa: Instituto Piaget, 1991.

MORIN, Edgar; KERN, Anne Brigitte. *Terra-pátria*. Lisboa: Instituto Piaget, 1993.

_____. *Ciência com consciência*. 2. ed. Rio de Janeiro: Bertrand Brasil, 1998.

_____. *O método/I*. Lisboa: Publicações Europa-América, 1987.

_____. *O método/II* – a vida da vida. Porto Alegre: Sulina, 2001.

_____. *O método/III* – o conhecimento do conhecimento. Porto Alegre: Sulina, 1999.

_____. *O método/IV* – as idéias. Porto Alegre: Sulina, 1998.

_____. *Cultura de massas no século XX*. Neurose. 9. ed. Rio de Janeiro: Forense-Universitária, 1997. v. 1.

_____. *Cultura de massas no século XX*. Necrose. 3. ed. Rio de Janeiro: Forense-Universitária, 1999. v. 2

_____. *Amor/poesia/sabedoria*. Rio de Janeiro: Bertrand Brasil, 1998.

MORIN, Edgar et al. *A sociedade em busca de valores*. Lisboa: Instituto Piaget, 1998.

_____. *A inteligência da complexidade*. São Paulo: Editora da Fundação Peirópolis, 2000.

_____. *A cabeça bem-feita*. 4. ed. Rio de Janeiro: Bertrand Brasil, 2001a.

_____. *Os sete saberes necessários à educação do futuro*. 3. ed. São Paulo: Cortez, 2001b.

NOVAES, Adauto (Org.). *O olhar*. São Paulo: Companhia das Letras, 1988.

_____. *O desejo*. São Paulo: Companhia das Letras, 1990.

OLIVEIRA, Ana Claudia; SANTAELLA, Lucia. *Semiótica da cultura, arte e arquitetura*. São Paulo: Educ, 1987.

PARENTE, André (Org.). *Imagem máquina* – a era das tecnologias do virtual. Rio de Janeiro: Editora 34, 1993.

PENA-VEJA, Alfredo; NASCIMENTO, Elimar Pinheiro do (Orgs.). *O pensar complexo* – Edgar Morin e a crise da modernidade. Rio de Janeiro: Garamond, 1999.

PESSIS-PASTERNAK, Guitta (Org.). *Do caos à inteligência artificial* – quando os cientistas se interrogam. São Paulo: Editora da Unesp, 1993.

PINHEIRO, Amalio. *Aquém da identidade e da oposição* - formas na cultura mestiça. Piracicaba: Editora da Unimep, 1995.

PINTAUDI, Silvana M.; FRÚGOLI JR., Heitor (Orgs.). *Shopping center* – espaço, cultura e modernidade nas cidades brasileiras. São Paulo: Editora da Unesp, 1992.

PRIGOGINE, Ilya. *Ciência, razão e paixão*. Belém: Eduepa, 2001.

RIBCZYNSKI, Witold. *A vida nas cidades,* expectativas urbanas no vovo mundo. Rio de Janeiro: Record, 1996.

ROBBINS, Kevin. *Into the image* – culture and politics in the field of vision. Londres/Nova York: Routledge, 1996.

RORTY, Richard. *Contingência, ironia e solidariedade*. Lisboa: Editoril Presença, 1994.

SANTAELLA, L.; NÖRTH, W. *A assinatura das coisas* – Peirce e a literatura. Rio de Janeiro: Imago, 1992a.
_____. *Cultura das mídias*. São Paulo: Razão Social, 1992b.
_____. *Imagem* – cognição, semiótica, mídia. São Paulo: Iluminuras, 1998.

SANTOS, Boaventura de Souza. *Introdução a uma ciência pós-moderna*. Rio de Janeiro: Graal, 1989.
_____. *A crítica da razão indolente*. São Paulo: Cortez, 2000.

SCHOR, Juliet B. *The overworked american* – the uexpected decline of leisure. USA: Basic Books, 1991.
_____. *The overspent american* – upscaling, downshifting, and the new consumer. Nova York: Perseus Book, 1998.

SELGAS, Fernando; GARCIA, J.; MONLEON, José B. (Orgs.). *Retos de la postmodernidad*. Valladolid: Editorial Trotta, 1999.

SENNET, Richard. *The conscience of the eye:* the design and the social life in the cities. Nova York/Londres: W. W. Norton & Co., 1990.
_____. *The uses of disorder:* the personal identity and city life. Nova York/ Londres: W. W. Norton & Co., 1992.
_____. *Carne e pedra*. Rio de Janeiro/São Paulo: Record, 2001.

SCHNITMAN, Dora Fried (Org.). *Novos paradigmas, cultura e subjetividade*. Porto Alegre: Artes Médicas, 1996.

SIMMEL, Georg. *The philosophy of money.* Nova York: Routledge, 1999.

TOURAINE, Alain. *Crítica da modernidade*. Petrópolis: Vozes, 1994.

VATTIMO, Gianni. *O fim da modernidade*. São Paulo: Martins Fontes, 1996.

VELHO, Otávio Guilherme (Org.). *O fenômeno urbano*. Rio de Janeiro: Zahar Editores, 1973.

VIRILIO, Paul. *A máquina de visão*. Rio de Janeiro: José Olympio, 1994.
_____. *O rspaço crítico*. Rio de Janeiro: Editora 34, 1993.
_____. *A inércia polar*. Lisboa: Publicações Dom Quixote, 1993.

WAIZBORT, Leopoldo. *As aventuras de Georg Simmel*. São Paulo: USP/Editora 34, 2000.

WATZLAWICK, Paul; KRIEG, Peter. *O olhar do observador*. Campinas: Editorial Psy II, 1995.

MARGEM: revista mensal da Faculdade de Ciências Sociais da Pontifícia Universidade Católica de São Paulo/Fapesp. São Paulo: Educ, n. 4, dez.1995; n. 5, dez. 1996; n. 8, dez.1998; n. 9, maio 1999; n. 11, jun. 2000.

Maristela Guimarães André

CONSUMO
e
IDENTIDADE

ITINERÁRIOS
COTIDIANOS
DA
SUBJETIVIDADE

DVS
EDITORA

Boa Leitura, melhor qualidade de vida

Acesse nossos títulos no site:
www.dvseditora.com.br